RÉSUMÉ

DE

EMILE

OU DE

L'ÉDUCATION

Ouvrage écrit il y a 150 ans

PAR

J.-J. ROUSSEAU

NICE

IMPRIMERIE SPÉCIALE DU " PETIT NIÇOIS "

43, Boulevard Dubouchage, 43

1902

RÉSUMÉ

DE

EMILE

OU DE

L'ÉDUCATION

Ouvrage écrit il y a 150 ans

PAR

J.-J. ROUSSEAU

NICE

IMPRIMERIE SPÉCIALE DU " PETIT NIÇOIS "

43, Boulevard Dubouchage, 43

1901

PRÉFACE

L'Emile, chef-d'œuvre de Rousseau sur l'Education, est délaissé aujourd'hui, sans doute parce que ses 800 pages effrayent le lecteur ?...

Cependant, tous les gens qui ont des enfants devraient en connaître au moins les principaux passages.

J'espère donner à ceux qui parcourront ce résumé, le désir de lire tout l'ouvrage.

VALREY.

RÉSUMÉ

DE

EMILE

OU DE

L'ÉDUCATION

Ouvrage écrit il y a 150 ans

PAR J.-J. ROUSSEAU

LIVRE PREMIER

Ce recueil sur l'éducation, fut commencé pour Mme de Chenonceaux, une bonne mère qui sait penser.

L'éducation qu'on donne actuellement aux enfants, est mauvaise; la littérature de notre siècle, tend plus à détruire, qu'à édifier; l'art de former des hommes, est encore oublié.

Les plus sages apprennent aux enfants ce que les hommes doivent savoir, sans considérer ce que les enfants sont en état d'apprendre, c'est à l'étude de ce que nos enfants doivent apprendre, que je me suis appliqué.

Mon système est basé sur la marche de la nature, et partout où naîtront des hommes, on pourra faire ce que je propose, c'est-à-dire ce qu'il y a de meilleur, pour les hommes.

Tout est bien, sortant des mains du créateur ; tout dégénère entre les mains de l'homme : il force une terre à nourrir les productions d'une autre ; il confónd les saisons, il mutile son chien, etc., l'homme ne veut rien tel que l'a fait la nature... pas même l'homme. Ce sont les préjugés et les institutions sociales, qui étouffent en lui, la voix de la nature.

C'est aux femmes qu'il faut parler, dans les traités d'éducation, car elles veillent l'enfant de plus près que les hommes et le succès de leur éducation les intéresse d'autant plus, que la veuve peut se trouver un jour à la merci de ses enfants, qui lui feront sentir en bien ou en mal, de la manière dont elle les aura élevés.

Les lois ne donnent pas assez d'autorité aux mères, cependant en général, elles ont plus d'attachement pour leurs enfants que les hommes.

Les mères qui gâtent leurs enfants, ont tort, mais c'est qu'elles veulent qu'ils soient heureux tout de suite ; éclairons les mères sur les moyens à employer pour qu'ils le soient. L'ambition et l'avarice des pères sont encore plus funestes aux enfants, que l'aveugle tendresse des mères.

L'éducation est un art, son but doit suivre celui de la nature ; on n'arrive à rien jusqu'ici, parce qu'on n'élève pas un homme pour lui-même, mais pour les institutions sociales que l'homme à mises à la place de la nature.

Je n'envisage pas comme une institution publique, nos risibles collèges, je ne compte pas l'éducation du monde, qui fait des hommes doubles, paraissant tout rapporter aux autres, mais ne pensant qu'à eux seuls.

Nous sommes donc entraînés par la nature et par les hommes, dans des routes contraires, ce qui fait que flottants toute nôtre existence sans arriver au but de la nature, nous terminons notre vie sans avoir pu nous accorder avec nous-mêmes.

Pour former l'homme naturel, il faut d'abord que rien ne soit fait. Vivre est l'état que je veux apprendre à mon élève, en sortant de mes mains, il ne sera ni magistrat, ni soldat, etc., il sera homme et sera partout à sa place.

Celui qui supporte le mieux les biens et les maux de cette vie, est le mieux élevé. Notre éducation doit commencer dès notre naissance et l'enfant ne doit suivre qu'un seul guide.

Vu la mobilité des choses humaines, peut-on concevoir une méthode plus insensée que d'élever un enfant comme s'il n'avait jamais à sortir de sa chambre?... Il faut lui apprendre au contraire, à supporter les coups du sort et à braver la misère.

Nos usages ne sont que préjugés et assujetissement. L'homme civil nait, vit et meurt dans l'esclavage : à sa naissance on le coud dans un maillot; à sa mort on le cloue dans une bière! A peine l'enfant est-il né, on l'emmaillotte... je ne vois pas ce qu'il a gagné de naître! Cette contrainte gêne la circulation du sang; vous contrariez les enfants dès leur naissance et vous vous étonnez qu'ils crient, mais ainsi garottés, vous crieriez plus fort qu'eux! Cet usage dénaturé vient de ce que les mères ne veulent plus élever leurs enfants, elles les confient à des mercenaires qui ne cherchent qu'à s'épargner de la peine; quand l'enfant est bien lié, on le met dans un coin et pourvu qu'il ne se casse ni bras, ni jambes, qu'importe !

Nous n'avons pas encore mis au maillot les petits des chiens et des chats, en résulte-t-il pour eux des inconvénients?

Il y a mieux : non contentes d'avoir cessé d'allaiter leurs enfants, les femmes ne veulent plus en faire !... Il vaut mieux que l'enfant suce le lait d'une nourrice en bonne santé, que celui d'une mère gâtée, mais l'enfant a autant besoin des soins de sa mère, que de sa mamelle. De peur que l'enfant n'aime mieux sa nourrice que sa mère, on traite les nourrices en servantes, on les congédie au bout de quelque temps et bientôt l'enfant ne la connaît plus, ainsi la mère elle-même exerce son enfant à l'ingratitude.

Voulez-vous rendre chacun à ses devoirs ? Commencez par les mères. Il n'y a plus d'esprit de famille, tout le mal vient de cette dépravation ; le spectacle touchant d'une famille naissante, n'attache plus les maris, il n'y a plus ni pères, ni frères, ni sœurs, tous se connaissent à peine, comment s'aimeraient-ils !... Chacun ne songe plus qu'à soi !

Mais que les mères daignent nourrir, ou au moins élever leurs enfants et les mœurs vont se reformer. L'attrait de la vie domestique est le contrepoison des mauvaises mœurs; les enfants resserrent entre le père et la mère, le lien conjugal..., que les femmes redeviennent mères et les hommes redeviendront pères et maris.

Mais point de mère, point d'enfant : mal remplis par la mère, les devoirs seront négligés par l'enfant... et nous voilà déjà hors de la nature. On sort encore de la nature, lorsqu'on fait de son enfant, une idole ; plongez vos enfants dans la mollesse, vous les préparez à la souffrance.

Suivez la route que la nature vous trace : elle endurcit l'enfant par des épreuves; ils souffrent de coliques, les dents qui percent leur donnent la fièvre..., presque tout le premier âge est maladie et danger. Il meurt plus d'enfants élevés délicatement que d'autres, exercez-les donc aux atteintes qu'ils doivent supporter. Endurcissez leurs corps aux intempéries des saisons, à la fatigue, à la faim, on peut les rendre robustes sans altérer leur santé.

Le sort de l'homme est de souffrir dans tous les temps, mais nos plus grands maux viennent de nous. La première enfance se passe à pleurer, tantôt on flatte l'enfant pour l'apaiser, tantôt on le menace pour le faire taire..., on lui donne déjà des idées d'empire et de servitude ; avant de parler, déjà il commande, ou il obéit.

Un enfant passe sept ans dans les mains des femmes, qui ont chargé sa mémoire de choses inutiles et étouffé le naturel, par les passions qu'elles ont fait naître ; on remet cet être factice entre les mains d'un précepteur qui développe les germes artificiels qu'il trouve formés. Ce précepteur apprend tout à son élève, hors à tirer parti de lui-même, hors à savoir être heureux.

Quand cet enfant, esclave et tyran, débile de corps et d'âme, est jeté dans le monde, il n'y montre que son orgueil et ses vices. Voilà l'homme de nos fantaisies... Celui de la nature est fait autrement.

Le véritable précepteur de l'enfant, est le père...

Mais les affaires !... les devoirs !... me direz-vous. Je répondrai que le premier devoir est d'être père.

Si la mère ne veut pas être nourrice, le père aura trop d'affaires pour être précepteur... les enfants dispersés dans des collèges, dans des couvents, ne s'attacheront pas à leurs parents et sitôt que la société de la famille ne fait plus la douceur de la vie, on recourt aux mauvaises mœurs pour y suppléer. Un père doit des hommes à son espèce et des citoyens à l'Etat. Tout homme qui ne remplit pas cette dette et néglige de si saints devoirs, versera plus tard sur sa faute, des larmes amères !

L'homme riche paye un autre homme pour remplir près de son fils ces soins qui lui sont à charge. Ame vénale, tu crois donner à ton fils un autre père avec de l'argent?... C'est un valet que tu lui donnes, il en formera un second...!

Un gouverneur ! O quelle âme sublime il faudrait...! Pour faire un homme il faut être père ou plus qu'un homme... Je me sens hors d'état de remplir cette tâche utile, mais je veux la démontrer. Je prendrai un élève imaginaire que j'appellerai Emile et je le conduirai jusqu'à ce qu'il soit homme.

Le gouverneur d'un enfant doit être assez jeune pour devenir son compagnon et attirer sa confiance. Les enfants n'aiment ni les vieillards, ni les gens maussades.

La science qu'on doit enseigner aux enfants est celle des devoirs de l'homme.

Je prendrai mon élève d'un esprit ordinaire, il sera français.

L'éducation naturelle doit rendre un homme propre à toutes les conditions humaines, or, il est plus raisonnable d'élever un enfant riche pour être pauvre, qu'un pauvre pour être riche, car il y a plus de ruinés que de parvenus. Je choisis donc un enfant riche, je serai sûr d'avoir fait un homme de plus, au lieu qu'un pauvre peut devenir homme lui-même. Je voudrais qu'Emile fut noble parce que ce sera une victime que j'arracherai au préjugé. Je ne me chargerai pas d'un enfant maladif, d'ailleurs il faut que l'enfant sache être malade, quand l'animal est malade il souffre en silence, combien les remèdes ont tué de gens que le temps seul aurait guéris !

Mais les animaux vivant plus selon la nature ont moins de maux que nous, aussi c'est cette manière de vivre, que je veux donner à mon élève.

La partie la plus utile de la médecine est l'hygiène; la tempérance et le travail sont les deux vrais médecins de l'homme. Les peuples robustes furent sobres; les travaux manuels et les exercices du corps renforcent le tempérament.

Une des misères des gens riches est d'être trompés en tout. Tout est mal fait chez eux, excepté ce qu'ils font eux-mêmes... et ils ne font presque rien, s'agit-il de choisir une nourrice, ils l'a font choisir par l'accoucheur, qui prend celle qui l'a le mieux payé. Il faut une nourrice nouvellement accouchée, saine de corps et de cœur et d'un bon caractère. Si la femme est vicieuse son nourrisson en pâtira. Il ne faut pas que la nourrice change son genre de vie, ce serait dangereux pour sa santé et celle de l'enfant. Les paysannes mangent moins de viande et plus de légumes que les femmes de la ville, ce régime est préférable. On leur donne dans les villes des pôts au feu, persuadé que ces bouillons fournissent plus de lait..., les enfants nourris ainsi sont plus sujets aux coliques et aux vers, puisque la substance animale fourmille de vers, ce qui n'arrive pas avec la substance végétale.

C'est surtout l'assaisonnement qui rend les aliments échauffants. Réformez votre cuisine, que vos légumes cuits à l'eau, ne soient assaisonnés que sur la table; le maigre loin d'échauffer la nourrice, lui donnera plus de lait et de meilleure qualité... les vaches ne mangent pas de viande. Un homme qui ne vivrait

que de bouillon, dépérirait promptement il se sou-
tiendra mieux avec du lait, parce que le lait se caille
dans l'estomac..., quiconque boit du lait, digère du
fromage. Le régime végétal est le meilleur pour la
nourrice et l'enfant. L'air agit puissamment sur la constitution des enfants, il ne faut donc pas enfermer
une paysanne dans une chambre de la ville, j'aime
mieux que l'enfant aille respirer le bon air de la
campagne. Il habitera la maison rustique de sa nourrice. Mais me direz-vous, quand on ne peut pas faire
tout cela?... Alors faites ce que vous faites et ne demandez pas de conseils...

Les hommes ne sont pas faits pour être entassés
en fourmillières dans des villes, mais pour être épars
sur la terre qu'ils doivent cultiver. Plus ils se ras-
semblent et plus ils se corrompent. Les infirmités du
corps et les vices de l'âme sont l'effet de cet entas-
sement.

Des hommes entassés comme des moutons péri-
raient vite, car l'haleine de l'homme est mortelle à
ses semblables. Les villes sont les gouffres de l'espèce
humaine, au bout de quelques générations les races
y dégénèrent, il faut les renouveler et c'est la campagne qui fournit ce renouvellement.

Envoyez donc vos enfants reprendre aux champs
la vigueur qu'on perd dans l'air malsain des villes.
Les femmes devraient toujours accoucher à la campagne.

Lavez souvent les enfants, et à mesure qu'ils se
renforcent, diminuez la tiédeur de l'eau. Gardez cet
usage du bain toute la vie pour la santé et par propreté; on devient ainsi presque insensible aux
diverses températures.

Ne raisonnez pas avec les nourrices, ordonnez.

L'enfant ne doit contracter aucune habitude, à

vouloir manger, dormir aux mêmes heures, etc.,...
habituez-le de bonne heure à voir des objets laids :
crapauds, serpents, des masques....

Les premières voix de l'enfant sont des pleurs,
l'enfant implore secours par ses cris, de ces pleurs
naît le premier rapport de l'homme avec son semblable, c'est le premier anneau de la chaîne sociale.

Mais si l'on n'y prend garde, les pleurs de
l'enfant sont bientôt des ordres. Sitôt qu'il aperçoit
de l'indulgence autour de lui, l'enfant s'en sert pour
suppléer à sa faiblesse. En grandissant le désir de
commander ne s'éteint plus.

Il faut quand on secours un enfant, ne rien
accorder sans raison. Sachez distinguer si leurs désirs
viennent de la nature ou du caprice. Ne le flattez
pas pour l'apaiser, vos caresses ne guériront pas sa
colique : laissez-le tranquille.

Les pleurs d'un enfant bien portant, sont l'ouvrage de la nourrice qui l'a gâté, n'y faites pas
attention, ou distrayez-le par un objet agréable.

La bouillie n'est pas une nourriture fort saine,
la farine en est mal cuite, je préfère la crème de riz,
la panade.

N'étourdissez pas les enfants par une multitude
de paroles inutiles, c'est les habituer à se payer de
mots. C'est pédanterie de corriger leurs fautes de
langage, il s'épurera sur le votre, peu à peu, apprendre
par cœur les empêche d'acquérir une prononciation
nette, ils s'habituent ainsi à barbouiller. Il y a des
gens qui se flattent de n'avoir pas d'accent, mais c'est
ôter aux phrases leur grâce, leur énergie. L'accent
est l'âme du discours, il ment moins que la parole,
c'est pour cela que les gens du monde le craignent
tant.

Elevés à la campagne, vos enfants y prendront

une voix plus sonore. Les paysans ont moins d'idées que les gens de la ville, mais ils ont souvent l'esprit plus juste.

LIVRE II

C'est ici le second terme de la vie.

Un enfant pleure rarement, quand il n'a pas l'espoir d'être entendu. S'il tombe, je ne cours pas à lui, l'air alarmé, c'est une nécessité qu'il doit endurer ; souffrir est la première chose qu'il doit apprendre.

Emile n'aura pas de lisières, on le mènera tous les jours au milieu d'un pré, là, il tombera cent fois et apprendra à se relever seul.... ne le laissez pas croupir dans l'air usé d'une chambre.

Je mets mon élève en liberté, cela le rend gai, tandis que vos enfants enfermés et contrariés sont tristes et boudeurs.

A cet âge il acquiert de la force, de la connaissance, de la mémoire, il faut commencer à considérer l'enfant comme un être moral....

Rien n'est plus incertain que la durée de la vie ; des enfants qui naissent, la moitié au plus, parvient à l'adolescence ; que faut-il penser de l'éducation barbare que vous leur donnez, qui sacrifie le présent à un avenir si incertain, qui charge un enfant de chaînes pour lui prérarer un prétendu bonheur dont il ne jouira sans doute pas !...

Comment voir sans indignation, de pauvres infortunés comdamnés à des travaux continuels, sans être assurés que ces travaux leurs seront utiles ? L'âge

de la gaîté se passe pour eux au milieu des châti-
ments et de l'esclavage !... et l'on ne voit pas la mort,
qu'on appelle par tant de fatigues ! Combien d'enfants périssent victimes de l'extravagante sagesse des
pères ?...

Hommes, soyez humains, aimez l'enfance, favo-
risez ses jeux ; qui de vous n'a pas regretté cet âge
où le rire est sur les lèvres et l'âme en paix ? Pourquoi ôtez-vous à ces petits innocents la jouissance
d'un temps si court ?... Pères, ne vous préparez pas
des regrets, en ôtant à vos enfants le peu d'instants
que la nature leur donne ; faitez qu'à quelque heure
que Dieu les prenne, ils ne meurent pas sans avoir
goûté la vie....

Mais j'entends les clameurs des faux sages, qui
ne songent qu'à l'avenir..... qui ne sera peut-être
jamais, pour ces pauvres petits... !

« C'est me répondrez-vous, le temps de corriger
« les mauvaises inclinations de l'homme. » Moi je
crois que ses mauvais penchants viennent plus souvent de vos soins malentendus, que de la nature.
Malheureuse prévoyance que celle qui rend un
être misérable, sur l'espoir de le rendre peut-être
heureux plus tard... s'il existe encore !

— En cette vie, le plus heureux est celui qui
souffre le moins ; toujours plus de souffrances que
de jouissances, voilà qui est commun à tous. La
route du bonheur est celle de la sagesse, qui consiste
à diminuer ses désirs... alors l'âme trouve la paix.

Dans l'état primitif, l'homme à peu de désirs et
n'est pas malheureux.

C'est l'imagination de l'homme qui en bien ou
en mal, excite ses désirs... mais hélas ! l'objet qu'il
convoite fuit quand il croit l'atteindre... et le bonheur
s'éloigne toujours de nous.

Au contraire, plus l'homme est resté près de sa condition naturelle, moins il est éloigné du bonheur. Il n'est jamais moins misérable que quand il est dépourvu de tout, car la misère ne consiste pas dans la privation des choses, mais dans le besoin que nous en éprouvons.

Ne pouvant élargir le monde réel, rétrécissons le monde imaginaire : ce sont nos désirs immodérés qui nous rendent si malheureux. Otez les douleurs du corps et les remords de notre conscience, tous nos maux sont imaginaires. Celui dont les besoins passent la force, est un être faible. L'homme est fort quand il se contente d'être ce qu'il est, il est faible quand son orgueil veut s'élever au-dessus de l'humanité.

Dans tous les pays les bras d'un homme valent plus que sa subsistance, il devrait donc être assez sage pour regarder le reste, comme du superflu... Tout homme qui ne voudrait que vivre vivrait heureux et il serait bon, car où serait pour lui l'avantage d'être méchant ?...

Il vaut mieux ne pas être immortel, il est doux d'espérer qu'une meilleure vie finira les peines de celle-ci. Quelle consolation nous resterait-il contre l'injustice des hommes, si nous étions immortels ?..

L'homme éclairé croit à une autre vie ; la nécessité de mourir est à l'homme sage, une raison pour supporter les peines de la vie. Le temps et la mort sont nos grands remèdes.

Quant à nos maux moraux, ils ne sont que dans l'opinion, hors le crime qui dépend de nous.

« Vis selon la nature, sois patient à supporter la maladie, chasse les médecins et tu ne sentiras la mort qu'une fois ! »

Mais tout n'est que folie, dans les institutions

humaines : ainsi, les vieillards regrettent encore plus la vie que les jeunes gens. Sachons nous résigner, les sauvages et les bêtes, se débattent peu contre la mort.

Nous prévoyons toujours au-delà de nous, voilà la source de nos misères. Quelle manie a un être aussi passager que l'homme, de négliger le présent dont il est sûr et de ne regarder que l'avenir, qui vient si rarement : manie funeste qui augmente avec l'âge, car les vieillards aiment mieux se refuser aujourd'hui le nécessaire, que de manquer de superflu dans cent ans ! Nous nous accrochons à tout : aux hommes, aux lieux, aux choses, est-il étonnant que nos maux se multiplient ?.. Que de princes se désolent pour la perte d'un pays qu'ils n'ont jamais vu.., que de marchands il suffit de toucher aux Indes, pour les faire crier à Paris !

Non, ce n'est pas la nature qui porte les hommes si loin d'eux-mêmes. Je vois un homme qui a l'air heureux, il lit une lettre et à l'instant il gémit... « Insensé ! quel mal t'a fait ce papier ? qu'une main charitable eût jeté cette lettre au feu, cet homme fut resté heureux !

Nous ne nous plaisons plus qu'où nous ne sommes pas... O homme ! resserre ton existence au-dedans de toi et tu ne seras plus malheureux. Reste à ta place et ne regimbe plus contre la nécessité; ta liberté et ton pouvoir ne s'étendent pas plus loin que tes forces; tout le reste n'est qu'illusion et esclavage.

Toi-même prince, tu es esclave, car tu dépens des préjugés de ceux que tu gouvernes par des préjugés; pour conduire les autres, il faut te conduire comme il leur plaît. Tes courtisans, les soldats, les prêtres, te mènent comme un enfant. Thémistocle disait : « Mon fils est l'arbitre de la Grèce, car cet enfant gouverne sa mère, sa mère me gouverne, et je gouverne les grecs. » Oh ! quels petits conducteurs on trouverait souvent aux grands empires, si du prince on descendait jusqu'à la main qui donne en secret le branle !

Tu as beau faire, prince, sitôt qu'il faut voir par les yeux des autres, il faut vouloir par leurs volontés. Tes peuples sont tes sujets, mais tu es le sujet de tes ministres, de leurs commis de leurs maîtresses !

Usurpez tout... dressez des canons, élevez des gibets, pauvres hommes puissants, vous n'en serez pas moins trompés, vous direz toujours : « Je veux ! » et vous ne ferez que ce que voudront les autres...

Le seul homme qui fait sa volonté est celui qui n'a pas besoin des autres, d'où il suit que le premier bien n'est pas l'autorité, mais la liberté. L'homme vraiment libre, est celui qui ne veut que ce qu'il peut et qui fait ce qu'il lui plaît, voilà ma maxime fondamentale !

Cette maxime, je l'applique à l'enfance, et l'éducation que je rêve va en découler.

J'ai dit que la société avait affaibli l'homme, en lui rendant ses forces insuffisantes, en multipliant ses désirs.

La nature prévoit à la faiblesse de l'enfant par l'attachement des pères et mères, mais cet attachement a ses abus : les parents donnent à l'enfant, plus de désirs qu'il n'en a et augmentent ainsi sa faiblesse ; le père n'a pas le droit de commander à son enfant ce qu'il ne lui est bon à rien. L'enfant n'est pas heureux si ses besoins passent ses forces, pas plus que l'homme.

Dans l'état naturel, le bonheur des hommes consiste à être libre; dans l'état civil, chacun ne pouvant plus se passer des autres, est redevenu faible, la société a replongé l'homme dans l'enfance. Les riches, les grands, les rois, sont des enfants qui, voyant qu'on s'empresse autour d'eux, tirent de cela une vanité puérile.

Il y a deux sortes de dépendances : celle de la nature, et celle de la Société. La dépendance de la nature, ou des choses, ne nuit pas à la liberté et n'engendre pas de vices. Tandis que la dépendance désordonnée des hommes, engendre tous les vices.

Le moyen de remédier à ce mal de la société, *c'est de substituer la loi à l'homme et d'armer les volontés générales d'une force supérieure à toute volonté particulière.*

— Maintenez donc l'enfant dans la seule dépendance des choses, et n'offrez à ses volontés indiscrètes que des punitions qui naissent des actions mêmes.

— Il ne faut pas contraindre un enfant de rester en place, quand il veut aller ; il faut que les enfants courent, crient, ainsi le veut la nature. Leurs mouvements sont des besoins de leur constitution qui se fortifie. Ne leur refusez pas souvent ce qu'ils demandent, mais ne révoquez jamais vos refus ; gardez-vous de donner à votre élève de vaines formules de politesse pour obtenir ce qui lui plaît ; dans l'éducation des riches, on rend les enfants poliment impérieux et dans leur bouche « s'il vous plaît » signifie : « il me plaît ». Évitez les excès d'indulgence ou de rigueur.

Croyez que je fais le bien de votre enfant, en le laissant libre et en l'armant contre les maux qu'il doit supporter. L'homme ne peut être exempté des maux de son espèce. Pour sentir les grands biens, il faut qu'il sente les petits maux. L'homme qui ne connaîtrait pas la douleur, ne connaîtrait pas la commisération.

Je vous le répète : votre enfant sera malheureux

si vous lui cédez tout, car alors ses désirs croîtront toujours... bientôt il voudra l'oiseau qui vole, l'étoile qui brille, etc...

L'enfant gâté se croit le maître de l'Univers, comment cet enfant déjà dévoré de passions irascibles serait-il heureux? faiblesse et domination réunies, n'engendrent que folie. Et quand il grandira accoutumé à voir tout fléchir devant lui, quelle surprise en entrant dans le monde de sentir que tout lui résiste!... Ses airs vaniteux ne lui attireront que railleries, il se rebutera, deviendra rampant et au-dessous de lui-même. La nature a fait les enfants pour être aimés et secourus et non pour être obéis et craints.

Si jamais on vit un spectacle odieux, c'est celui de magistrats en habits de cérémonie, prosternés devant un enfant qu'ils haranguent en termes pompeux, et qui bave pour toute réponse!

Y a-t-il au monde un être plus à la merci de tous qu'un enfant? Y a-t-il rien de plus choquant qu'un enfant commandant à tous ceux qui l'entourent et qui n'auraient qu'à l'abandonner pour qu'il meure... mais si un enfant hautain est un objet de risée, un enfant craintif est digne de pitié.

Je ne vois rien de plus sot que les enfants avec qui l'on veut raisonner. La raison chez l'homme se développe tard et l'on prétend élever un enfant par la raison! si les enfants entendaient déjà raison, ils n'auraient pas besoin d'être élevés. En leur parlant la langue de la raison qu'ils n'entendent point, on les accoutume à se payer de mots et à devenir disputeurs.

La nature veut qu'on soit enfant avant d'être homme, n'intervertissons pas cet ordre, ou nous aurons des fruits précoces qui se corrompront vite.

J'aimerais autant exiger qu'un enfant eût cinq pieds de haut, que du jugement à dix ans.

Ne leur apprenez pas à mentir, pour se dérober aux punitions dont vous les menacez. Ne commandez rien à votre élève, mais il faut qu'il sache que vous êtes fort et qu'il est à votre merci, il doit sentir de bonne heure, le dur joug de la nécessité.

Ce dont il doit s'abstenir, empêchez-le de le faire, sans explications ; que le *non*, prononcé par vous, soit un mur contre lequel il ne peut essayer sa force. C'est ainsi que vous le rendrez résigné à la nécessité... mais au contraire, ce que vous lui accordez, donnez-le lui à son premier mot. La pire éducation est de laisser l'enfant flottant entre ses volontés et les vôtres.

On a imaginé de conduire les enfants par la vanité, la jalousie, la crainte, ces passions corrompent l'âme... bref, on a essayé de tout, hors de la liberté bien réglée. On doit mener l'enfant par les lois du possible ou de l'impossible, sans qu'aucun vice germe en lui.

Pas de leçons verbales, votre élève ne doit en recevoir que par expérience ; ne lui faites jamais demander pardon, l'enfant casse un objet, étouffe un oiseau sans savoir ce qu'il fait, la raison seule, nous apprend peu à peu à connaître le bien et le mal.

La gêne où vous tenez vos élève, irrite leur vivacité, plus ils sont contraints sous vos yeux, et plus ils sont turbulents quand ils vous échappent.

Maxime.— Il n'y a point de perversité naturelle dans le cœur humain, la seule passion naturelle est l'amour de soi, ou amour-propre. Cet amour-propre devient bon ou mauvais selon ce qu'on en fait.

En laissant les enfants libres, écartez d'eux tout

ce qui est fragile, que leur appartement soit garni de meubles solides et simples.

Quant à mon Emile élevé à la campagne, sa chambre sera celle d'un paysan..., nous le verrons la parer lui-même peu à peu.

J'expose ici la règle la plus utile de l'éducation : « Ce n'est pas de gagner du temps qu'il faut avec les enfants de cet âge... c'est d'en perdre... »

Le plus dangereux âge est celui de la naissance, jusqu'à l'âge de douze ans ; c'est le temps où germent les erreurs et les vices ; or, l'âme des enfants doit dormir jusqu'à ce qu'elle ait toutes ses facultés. La première éducation doit être négative, elle consiste à garantir le cœur du vice, et l'esprit de l'erreur. Si votre élève ne faisait rien jusqu'à douze ans, alors dès vos premières leçons, son entendement s'ouvrirait à la raison, sans préjugés... en commençant par ne rien faire, vous feriez un prodige d'éducation.

Mais on ne veut pas faire d'un enfant un enfant, les pères et les maîtres n'ont jamais assez tôt corrigé et instruit, faites mieux qu'eux... Contentez-vous jusqu'à douze ans, d'exercer son corps, ses organes, mais tenez son âme oisive et pour empêcher le mal de naître, ne vous pressez pas de faire le bien ; laissez mûrir l'enfant...

Une autre considération confirme l'utilité de cette méthode : celle du génie de l'enfant, qu'il faut laisser se développer pour savoir quel régime moral lui convient... Chaque esprit à sa forme, selon laquelle il doit être gouverné.

Homme prudent, épiez longtemps la nature de votre élève, laissez d'abord son caractère se montrer en liberté, autrement vous pourrez vous tromper..., sacrifiez donc dans le premier âge, un temps que vous regagnerez plus tard.

Souvenez-vous surtout, que pour former un homme, il faut trouver en soi l'exemple que l'enfant doit se proposer : rendez-vous respectable à tous... Il ne s'agit pas pour se faire aimer de verser l'or à pleines mains... non, ouvrez votre cœur aux autres... soyez bienveillant, rendez-vous utile. Raccomodez les gens qui se brouillent; portez les pères à l'indulgence, les enfants aux devoirs; prodiguez le crédit du riche en faveur du pauvre; déclarez-vous le protecteur des malheureux... Enfin, aimez les autres et ils vous aimeront... et votre élève vous aimera et voudra vous imiter.

Je veux élever Emile à la campagne, loin des mauvaises mœurs des villes.

Ne soyez ni sermonneur, ni pédant, laissez jaser le petit bonhomme pour l'étudier.

Maître, soyez simple et ne donnez pas à l'innocence des connaissances trop étendues.

Les passions impétueuses impressionnent l'enfant, la colère surtout : l'enfant voit un visage enflammé, il entend des cris... dites-lui posément : « ce pauvre homme à la fièvre »; sur cette idée juste, il aura de la répugnance à se livrer à ces excès; l'effet vaudra mieux qu'un sermon, donc, pas de discours, mais des faits que l'enfant voit lui-même.

Il est impossible, au sein de la société d'amener l'enfant jusqu'à douze ans, sans lui donner quelque idée de moralité, mais donnez-lui ces notions le plus tard possible.

Le premier sentiment de justice vient de celle qui nous est due : Si l'enfant frappe quelqu'un, il faut lui rendre ses coups, ainsi l'enfant apprendra à respecter quiconque le passe en âge et en force. Mais s'il respecte les personnes, il faut qu'il respecte aussi les choses...; pour qu'il ait l'idée de la propriété, il faut qu'il ait quelque chose à lui ; remontez jusqu'à l'origine de la propriété pour la lui faire connaître : l'enfant prend possession d'un morceau de terre, en y plantant quelques fèves... Un jour il arrive voir ses plantations... O douleur!... les fèves sont arrachées. « Qui m'a ravi mon bien dit l'enfant en pleurant ? » On s'informe, c'est le jardinier qui a fait le coup...; mais il se plaint plus que nous : il avait semé des melons en cet endroit et nous avons détruit ses melons, pour y planter nos fèves !...

— En effet, dis-je à Emile, nous avons eu tort de travailler une terre avant de savoir si quelqu'un y avait travaillé avant nous, car personne ne doit toucher au terrain de son voisin.

Enfin, le jardinier nous accorde un autre coin de terre, en nous prévenant que si nous touchons encore à ses melons, il ira labourer nos fèves.

L'enfant a ainsi compris, que la propriété remonte, par le travail, au droit du premier occupant, cela est à la portée de sa jeune intelligence.

Votre élève casse les carreaux de sa fenêtre,... laissez le vent souffler, afin qu'il sente ces incommodités... il se plaint qu'il a froid... — Pourquoi ferais-je remettre ces carreaux lui dis-je... vous les briserez de nouveau... Enfin, il promet de ne plus recommencer et vous faites remettre les carreaux...

Les mensonges des enfants sont l'ouvrage des maîtres. Pour nous qui ne donnons à notre élève que des leçons de pratique, nous n'exigerons jamais de lui la vérité, de peur qu'il ne la déguise.

On veut que l'enfant soit croyant et on l'emmène souvent à l'église où il marmotte des prières...; on l'ennuie et on le force d'aspirer au bonheur de ne plus prier Dieu, quand il sera grand. Ce n'est pas l'enfant qui doit faire la charité, c'est le maître, l'aumône est une action d'homme qui connaît les besoins de ses semblables. Mais engagez-le à donner ses jouets, nous saurons s'il est charitable... remarquez qu'en général, l'enfant ne donne que ce qui ne lui est bon à rien.

Si mon Emile me questionne sur la charité que je fais, je lui dis : mon ami, quand les pauvres ont bien voulu qu'il y eut des riches, les riches ont promis de nourrir ceux qui ne pourraient pas vivre de leur travail...

La seule leçon de morale qui convient à l'enfance, est de ne jamais faire de mal à personne... mais pour ne jamais nuire à autrui, il faut tenir à la société le moins possible, car dans l'état social actuel, le bien de l'un fait le mal de l'autre. L'homme solitaire fait moins de mal que l'homme social. Si le méchant était seul, quel mal pourrait-il faire ? C'est dans la société que le méchant dresse ses pièges pour faire tort aux autres.

Il faut aux enfants qu'on élève dans le monde, des instructions plus précoces qu'à ceux qu'on élève dans la retraite.

Chaque mère imagine que son enfant est un prodige; ses saillies sont pour elles, extraordinaires.

Les meilleurs mots peuvent tomber de la bouche des enfants, mais les idées n'ont dans leurs têtes, ni suite, ni liaison, le plus souvent l'esprit de l'enfant parait comme environné de brouillard. Tantôt c'est un génie et tantôt un sot, dira-t-on ?..: Ni l'un, ni l'autre : c'est un enfant. Si son jeune cerveau bouillonne, ne l'excitez jamais, car les enfants prodiges deviennent souvent des hommes vulgaires.

Il est difficile de distinguer dans l'enfance, la stupidité réelle, de celle qui annonce des âmes fortes. Le jeune Caton semblait un imbécile, taciturne et opi-

niâtre... Plus tard, Caton prévit les funestes projets
de César. Ceux qui jugent trop tôt les enfants, sont
sujets à se tromper.

Vous ne voulez pas perdre de temps avec les
enfants, dites-vous ?... Mais un enfant mal instruit et
commencé trop tôt, est plus loin de la sagesse, qu'un
ignorant.

Vous êtes alarmé de voir votre enfant passer ses
premières années à ne rien faire ?... Mais n'est-ce
donc rien d'être heureux et libre ?... Pluton dans sa
République si austère, n'élève les enfants qu'en fêtes
et en jeux... Ne vous effrayez pas de cette prétendue
oisiveté, songez que l'enfance est le sommeil de la
raison.

L'apparente facilité à apprendre, qu'ont les enfants, cause leur perte. Leur cerveau rend comme un
miroir les objets qu'on leur présente, mais rien ne
pénètre. L'enfant retient les mots, mais ne les comprend point ; n'étant pas capable de jugement, l'enfant
n'a point de véritable mémoire. Les enfants raisonnent
bien, dans leur intérêt présent, mais ils n'ont pas les
connaissances qu'on leur prête.

Les pédagogues n'apprennent à leurs élèves que
des mots : le blason, la chronologie, les langues mortes... études si loin de l'enfant du premier âge. On
les exerce sur les langues mortes, qui n'ont plus de
juges. L'usage du grec et du latin étant perdu depuis
longtemps, on imite ce qu'on en trouve écrit dans
les livres, et on appelle cela parler grec ou latin ! !
Tel est le latin et le grec enseigné par les maîtres,
que chaque pays comprend d'une manière différente,...
qu'on juge du latin et du grec des élèves ! !...

A peine ont-ils appris par cœur leur rudiment,
auquel ils n'entendent rien, qu'on leur fait mettre en
prose des phrases de Cicéron, et en vers, des centons

de Virgile.. ! Alors, ils croient parler latin... qui viendra les contredire ?

Après deux ans de sphère et de géographie, un enfant de dix ans ne saura pas se conduire de Paris à Saint-Denis... le monde n'est encore pour lui, qu'un globe de carton.

Par une erreur encore plus ridicule, on leur fait à dix ans, étudier l'histoire... tandis qu'elle est si peu à leur portée ! Non, le cerveau des enfants n'est pas fait pour qu'on y grave des noms de rois, des dates, mots qui n'ont pas de sens à leur âge et dont on accable leur faible intelligence. Leur cerveau est fait pour qu'on y grave de bonne heure, les idées utiles aux devoirs qu'il aura à remplir plus tard... et utiles à son bonheur.

Donc, sans étudier encore dans les livres, l'espèce de mémoire de mon Emile, à dix ans, ne restera pas inactive et tout ce qui l'environne est le livre dans lequel je le ferai puiser sans qu'il y songe, pour l'instruire. C'est dans le choix de ce qui l'entoure, que consiste l'art du professeur. Cette méthode ne forme pas des prodiges, mais elle forme des hommes honorables, étant grands.

Emile n'apprendra rien par cœur, pas même des fables, car les enfants ne peuvent comprendre les fables, dont la morale est disproportionnée à leur âge. Les fables sont faites pour instruire les hommes, mais il faut dire la vérité aux enfants.

Il y a un moyen sûr, pour apprendre à lire et à écrire à un enfant, c'est de lui en donner le désir : Emile reçoit une invitation pour une promenade, on lui fait comprendre la nécessité de déchiffrer sa correspondance et d'y répondre...; il saura lire avant l'âge de dix ans, c'est tout ce qu'il faut.

N'égarez pas l'esprit de l'enfant en d'autres siècles, mais tenez-le attentif, à tout ce qui le touche, alors vous le trouverez capable de raisonnement.

Exercez continuellement son corps, pour le rendre robuste et sain, avant d'exercer son esprit.

Mon élève ressemblera donc longtemps à un sauvage ; examinons le vôtre : Votre enfant élevé d'après le vieux système, n'ose manger quand il a faim, ni rire quand il est gai...

... Vous pensez pour lui ; il n'a pas besoin de prévoir la pluie, vous regardez pour lui le ciel. Il babille bien avec les femmes, mais s'il faut prendre un parti dans une occasion difficile, vous le verrez stupide,

Mon Emile, élève de la nature, n'est point accoutumé à recourir aux autres ; il sait prévoir tout ce qui se rapporte à lui ; il acquiert de bonne heure de l'expérience, car il prend des leçons de la nature et non des hommes, il s'instruit sans s'en apercevoir.

Pour faire des sages, faites d'abord des polissons.. ; c'était l'éducation des Spartiates, et les Athéniens babillards, craignaient autant leurs bons mots, que leurs coups.

Que votre élève croit être son maître, mais que ce soit vous qui le soyez ; l'enfant n'est-il pas à votre merci ?... Il doit faire ce qu'il veut... mais ce qu'il veut a dû être prévu par vous ; il se croit libre, c'est suffisant. Alors, il s'occupera de tout ce qui l'environne, il en tirera parti pour son bien-être et vous serez étonné de ses inventions. Voyant que vous ne le contrariez pas, il se montrera à vous tel qu'il est et vous l'étudierez à l'aise. L'enfant ne devient capricieux que parce qu'il a obéi ou commandé... il ne fallait ni l'un, ni l'autre.

Il n'y a rien de plus stupide qu'un enfant élevé dans la chambre de sa mère : la première fois que je sortis de Genève, je voulais suivre un cheval au galop et je jetais des pierres aux montagnes... tandis qu'à douze ans, un petit paysan sait se servir d'un levier, mieux qu'un académicien.

Nos premiers maîtres sont : nos mains, nos pieds, nos yeux ; ne substituons pas des livres à tout cela.

Les anciens durent à la gymnastique cette vigueur de corps et d'âme qui les distingua des modernes. Pour roidir l'âme d'un enfant, il faut d'abord lui roidir les muscles, en l'accoutumant au travail et à la douleur.

Les vêtements des enfants seront larges, rien ne doit gêner leurs mouvements. L'habillement français est malsain pour les hommes et les enfants, il gêne les mouvements du corps ; les humeurs arrêtées dans leur circulation, croupissent dans un repos qu'augmente la vie sédentaire, et causent le scorbut, si fréquent parmi nous.

Le choix des vêtements influe aussi sur l'éducation : si l'enfant préfère une étoffe parce qu'elle est riche, son cœur est déjà livré aux fantaisies de l'opinion et ce goût leur vient de mères aveugles qui leur disent : « Si vous n'étudiez pas, vous aurez un habit de paysan... » C'est comme si on lui disait : « Sachez que l'homme n'est rien que par ses habits. »

Avec un enfant ainsi gâté, le maître devrait prendre soin que ses habits riches fussent les plus incommodes, il faut faire de son bel habit, le fléau de sa vie.

Les gens sédentaires doivent s'habiller chaudement en tout temps ; ceux qui circulent par tous les temps, doivent être vêtus plus légèrement. Je conseillerai aux uns et aux autres, de ne point changer d'habits selon les saisons. Comme il importe que les os du crâne deviennent durs, accoutumez vos enfants à demeurer jour et nuit, hiver comme été, tête nue, ils enrhumeront moins facilement.

En général on habille trop les enfants, il faudrait les endurcir de bonne heure au froid et à la chaleur.

Toutes les fois qu'Emile aura soif, je veux qu'il boive de l'eau, pourvu qu'elle soit bonne. Si c'est de l'eau de rivière, donnez-la lui sur le champ, si c'est de l'eau de source, laissez-la quelque temps à l'air avant qu'il la boive. L'hiver au contraire, l'eau de source est moins dangereuse que l'eau de rivière; mais quand Emile aura bu, il faudra qu'il continue à s'exercer, de crainte de refroidissement.

Il faut un long sommeil aux enfants, parce qu'ils font beaucoup d'exercice. N'amolissez pas votre élève dans un sommeil paisible, éveillez-le quelquefois brusquement. En s'y prenant par degrès, on force le tempérament à toutes ces choses. Il importe aussi que l'enfant s'habitue à être mal couché, c'est le moyen de ne plus trouver de mauvais lit; la vie molle, prépare de déplaisantes sensations; sur un lit mollet, les reins s'échauffent, de là résulte la pierre... Quand on travaille bien dans la journée, on dort bien la nuit.

J'accoutume Emile à se réveiller lui-même, je lui dis : demain à six heures, nous partons pour la pêche... il se réveille trop tard, nous sommes partis.., une autre fois je suis certain qu'il se réveillera lui-même.

On peut inspirer tous les goûts que l'on veut, aux enfants; dans les jeux ils souffrent en riant des choses qui les feraient pleurer autrement, preuve que la douleur a son assaisonnement qui en ôte l'amertume; plus on familiarise l'enfant avec la douleur et les périls, plus on le guérira de l'importune sensibilité.

Une éducation dite *distinguée*, préfère les instructions coûteuses à celles qui sont utiles; ainsi les jeunes gens riches apprennent à monter à cheval parce
qu'il en coûte pour cela, mais presqu'aucun d'eux
n'apprendra à nager, parce qu'un artisan peut apprendre comme un riche... cependant si l'on tombe à
l'eau, on s'y noie.. !

Emile connaîtra tous les exercices du corps.

Les Sens

Il faut exercer tous les sens de l'enfant.

Le Toucher.— Ce sens est répandu sur tout le
corps, pour nous avertir de ce qui peut l'offenser.

Les aveugles ont le toucher beaucoup plus fin
que nous, parce qu'ils sont forcés de tirer du toucher,
les jugements de nos yeux. Pourquoi ne nous exerce-
t-on pas à marcher comme les aveugles, dans l'obs-
curité?.. Pour moi, je veux qu'Emile ait des yeux au
bout des doigts, car il peut quelquefois manquer de
chandelier.

La nuit effraye les hommes, n'y voyant plus. nous
supposons mille êtres disposés à nous nuire... ne raisonnez pas avec celui qui a peur dans les ténèbres,
mais menez-y souvent votre élève, l'habitude tue l'i-
magination... Un homme ainsi élevé, aura un grand
avantage la nuit, sur les autres.

Les gens qui veulent accoutumer les enfants par
des surprises, à ne s'effrayer de rien la nuit, ont tort...
dans ce cas, je dis à Emile : Saisissez hardiment celui qui vous surprend et frappez-le jusqu'à ce qu'il
dise qui il est, cela rebutera les mauvais plaisants.

Pourquoi faut-il avoir toujours sous les pieds une

peau de bœuf? J'habituerai Emile à marcher nu-
pieds le matin, par la chambre et le jardin ; armons
l'homme contre les accidents imprévus.

La Vue. — La vue est le plus fautif de nos sens. La
vue n'a pour juger les objets et leur distance, que
l'ouverture de l'angle, que les objets font dans notre
œil ; il faut de l'étude pour acquérir de la précision
dans le coup d'œil... Je dis à mon élève : notre
échelle sera-t-elle assez haute pour atteindre ces cerises ? Les planches de la cour seront-elles assez lon-
gues pour traverser ce ruisseau ?... etc.

Les enfants essayent tous de dessiner, le mien
cultivera cet art pour se rendre l'œil juste et la main
flexible, mais il n'aura pas d'autre maître que la
nature ; il dessinera une maison sur une maison, un
arbre sur un arbre, de peur qu'il ne perde le goût
des beautés de la nature.

De cette manière il barbouillera longtemps, mais
il contractera un coup d'œil plus juste et une prompte
expérience de la perspective.

Nous ornerons nos chambres de nos dessins ;
nous mettrons de beaux cadres à nos mauvais dessins et des cadres unis aux meilleurs, ceux-là n'ayant
pas besoin d'ornement.

Offrez aux enfants les mêmes jeux qu'aux hommes : la paume, le billard, le ballon, les instruments
de musique. Le bras de l'enfant est faible, cela lui
donnera de la force. Dans les foires, des enfants font
les mêmes exercices que les hommes avec adresse et
agilité, cela prouve que l'on peut exercer les enfants.

Remarquez que par ma méthode, je développe
le corps de l'enfant de dix ans, tandis que je laisse
reposer son esprit, car cet esprit qu'ils semblent avoir,
ils ne l'on pas encore.

L'Ouïe. — Ce que j'ai dit sur le toucher et la vue

peut servir pour exercer les autres sens : il importe d'avoir l'oreille alerte le jour et la nuit.

La Voix.— L'homme à trois sortes de voix : celle qui parle, celle qui chante, et la voix pathétique qui sert de langage aux passions, anime le chant et la parole. Une musique parfaite, est celle qui réunit le mieux ces trois voix. La voix des enfants n'a jamais d'âme parce que leurs passions ne sont pas éveillées. Rendez sa voix juste, son oreille sensible à la mesure, à l'harmonie, mais rien de plus.

Le Gout— Nous nous sommes éloignés de l'état de nature et nous en avons perdu les goûts simples. Notre premier aliment est le lait, puis les fruits, les légumes, les herbes et enfin quelques viandes grillées, furent les premiers festins des hommes.

La première fois qu'un sauvage boit du vin, il le rejette. Les goûts simples sont universels, jamais personne n'eût de dégoût pour l'eau et le pain.

Il faut que la nourriture de votre élève soit commune et simple; un homme épuisé de soucis peut avoir besoin d'aliments succulents, mais un enfant a besoin d'une nourriture abondante, qui lui fasse du chyle... d'ailleurs, qui sait ce que l'avenir réserve à l'enfant? Sera-t-il toujours riche ?...

Ne faisons pas qu'il meure de faim à l'étranger, s'il ne traîne avec lui son cuisinier français, je dirai au contraire qu'il n'y a que les français qui ne savent pas manger, puisqu'il faut un art particulier pour leur rendre les mets mangeables.

Le moyen le plus convenable pour gouverner les enfants est de les mener par leur bouche; le mobile de la gourmandise est préférable à celui de la vanité. Quand l'enfant sera grand, la gourmandise laissera la place à la vanité, qui finit par engloutir toutes les passions.

La gourmandise est la passion des enfants... chez l'homme, c'est le vice des cœurs qui n'ont point d'étoffe....

Laissez manger l'enfant à sa guise : des légumes, des fruits, du laitage, quelques gâteaux...

Le goût de la viande n'est pas naturel à l'homme, la preuve est la préférence des enfants pour les nourritures végétales.

Ne forcez pas les enfants à devenir carnassiers, pour leur santé d'abord, puis pour leur caractère; les grands mangeurs de viande, sont en général plus cruels : la barbarie des Anglais est connue.

« Tu me demandes, disait Plutarque, pourquoi Pythagore ne mangeait jamais de viande?... Moi je te demande quel courage eut le premier homme qui approcha de sa bouche une chair meurtrie, et qui se fit servir des cadavres ! Comment sa main put-elle enfoncer un fer dans le cœur d'un être sensible ? Comment put-il écorcher un pauvre animal sans défense ? Son cœur ne se souleva-t-il pas, quand il dépeça la première fois, la brebis qui lui léchait les mains ?... Mais alors, ces hommes manquaient de tout, des marécages et des forêts couvraient les trois quarts du monde... la terre ne produisait rien encore, alors ils mangèrent leurs compagnons de misère...

« Mais vous, cruels, qui vous force à verser le sang? La terre produit des fruits, les champs et les vignes vous comblent de richesses; les animaux vous offrent leur lait... Comme regorgement de vivres, ôsez-vous mêler des ossements à votre nourriture ? hommes féroces, vous n'avez faim que de bêtes innocentes qui vous servent et que vous dévorez pour prix de leurs services.

« O meurtrier ! si tu t'obstines à dévorer tes semblables, déchire-les donc avec tes ongles, comme les lions et les ours..? tu frémis?.. La chair morte te répugne, des charcutiers te la déguisent, habillent des corps morts..! » etc.....

Je n'ai pu résister à transcrire ce morceau, de Plutarque!... Les enfants, mangeront à l'occasion jusqu'à regorger, si vous les affamez, tandis que chez le paysan, le pain et le fruitier sont toujours à sa disposition et les enfants n'y connaissent pas les indigestions.

Les Lydiens pressés par la disette, inventèrent des jeux pour tromper leur faim, cherchons à distraire les enfants qui mangent trop.

L'Odorat.— L'odorat avertit le goût de la manière dont telle substance doit l'affecter. L'odorat est le sens de l'imagination : un chasseur flaire avec plaisir une perdrix à moitié pourrie.

L'odorat n'est pas actif, chez l'enfant, on peut le développer comme les autres sens; les sauvages du Canada se rendaient l'odorat si subtil, qu'ils n'avaient pas besoin de chiens, à la chasse.

Le Sens Commun.— Le sens commun résulte de l'usage bien réglé des autres sens. Ce sens réside dans le cerveau, ses sensations s'appellent : idées; c'est par le nombre de nos idées que se mesure l'étendue de nos connaissances. C'est leur netteté qui fait la justesse de notre esprit, c'est l'art de comparer nos idées entre elles, qu'on appelle « Raison humaine »...

———

Le premier pas que notre élève va faire dorénavant, va être un pas d'homme. Au printemps, la verdure ne fait que poindre, cependant le cœur est touché de son aspect, tandis qu'en automne quand la nature est si belle encore, on a l'hiver devant soi et l'imagination qui expire sur les frimas, ôte du charme à ces derniers beaux jours.

Telle est la source du charme qu'on trouve à contempler une belle enfance, préférablement à la perfection de l'âge mûr... La vue d'un enfant de 12 ans, sain, vigoureux ne fait naître que des idées agréables.

Viens mon cher élève, toi pour qui nul temps de la vie n'a été une gêne jusqu'ici, toi qui ne comptes les heures que par les plaisirs, viens mon ami, mon camarade, laisse les autres enfants s'enfermer tristement dans une chambre, et s'absorber sur des livres...

Messieurs, interrogez Emile, ses idées sont encore bornées, mais nettes ; il ne sait rien par cœur, mais il a appris beaucoup par expérience. Il lit mieux que vos élèves, dans le livre de la nature. Il ne sait pas ce que c'est que la routine. Il a un petit nombre de notions de morale qui se rapportent à son état actuel. Parlez-lui de propriété... Il sait pourquoi ce qui est a lui, lui appartient... Il ne sait ce que c'est qu'obéir, mais dites-lui : « faites-moi tel plaisir, je vous le rendrai à l'occasion », à l'instant il s'empresse de vous complaire.

De son côté, s'il a besoin d'assistance, il la demanderait au roi même, car tous les hommes sont égaux à ses yeux ; il sait que l'humanité porte à s'entr'aider. Mais si vous lui refusez quelque chose, il ne se mutinera pas contre la nécessité, il sait que ce serait inutile.

Il n'entreprend rien au-dessus de ses forces, car il les connaît. S'il tombe dans des embarras imprévus, il s'en tire mieux que vos élèves, parce qu'il a du sang-froid. Mon Emile est plus formé, plus fort, plus adroit que les enfants de la ville. Il est fait pour guider ses égaux, donnez-lui le nom et l'habit que vous voudrez, les autres sentiront sa supériorité.

Et il n'a point acheté sa perfection aux dépens de son bonheur, au contraire, car il a été heureux et libre jusqu'ici; si la faux vient à moissonner sa jeunesse, nous n'aurons point à pleurer sa vie et sa mort à la fois; nous nous dirons : au moins il a bien joui de son enfance.

Mais cette première éducation qui laisse l'enfant libre, n'est sensible qu'aux hommes clairvoyants, les autres ne voient qu'un polisson, dans notre élève.

Tandis qu'un précepteur s'attache à prouver qu'il ne vole pas son argent, il pourvoit son élève d'un acquis d'étalage qu'il puisse montrer, aux parents, quand on le désire. Il a accumulé cent fatras dans la mémoire de son élève. Mon Emile, lui, n'a à montrer que lui-même et bien peu de pères saisiront les traits qui le rendent supérieur aux autres, à cet âge.

LIVRE III.

Nous l'avons dit : la faiblesse de l'homme vient de l'inégalité qui se trouve entre sa force et ses désirs : diminuez vos désirs, vous augmenterez vos forces.

Nous voilà arrivés au troisième état de l'enfance qui s'approche de l'adolescence; voici mon œuvre jusqu'ici; j'ai rendu mon élève peu sensible aux injures de l'air, et tout ce qui nourrit est bon et suffisant à son âge; l'opinion des autres ne peut encore rien sur lui. Il se suffit à lui-même et c'est le seul temps de sa vie où il sera dans ce cas. Cet intervalle ou l'individu peut plus qu'il ne désire est le temps le plus précieux de sa vie, mais ce temps hélas! sera court. Que fera-t-il de l'excédant de forces qu'il possède à cet âge ? C'est dans ses bras et dans sa tête qu'il le logera... c'est le moment indiqué pour l'instruction et l'étude.

L'intelligence humaine a des bornes, un homme ne peut pas tout savoir. Le nombre des erreurs et des vérités est inépuisable, il y a donc un choix à faire dans les choses que l'on doit enseigner ; il s'agit d'enseigner ce qui est utile ; l'ignorance est préférable à l'erreur. Que de vaines sciences, autour de ces infortunés élèves !

Emile va donc apprendre maintenant, ce qui est bon et utile ; à l'activité du corps, va se joindre l'activité de l'esprit... mais, nous n'aurons point d'autre livre que l'univers : l'instruction par le fait, car l'enfant qui lit ne pense pas, il n'apprend que des mots. Montrez donc l'objet même à votre élève... faites-lui observer l'objet le plus frappant : le soleil, son lever, son coucher... Par une belle matinée, l'homme trouve son séjour embelli par ses rayons ; les oiseaux chantent pour saluer le père de la vie ; la verdure a pris pendant la nuit une vigueur nouvelle..., le concours de tous ces objets porte à l'observateur une impression qui pénètre l'âme. Il y a devant ce spectacle une demi-heure d'enchantement devant lequel nul homme ne reste de sang-froid !... Voilà ce que le maître éprouve devant son élève, au lever du soleil.....

Mais l'enfant n'est pas ému comme le maître, il lui faudrait connaître des sentiments qu'il n'a pas encore éprouvés... Comment goûterait-il l'air frais d'une belle matinée ? Il n'a pas encore parcouru des plaines arides et brûlantes...

Ne faites donc pas de poésie avec l'enfant de cet âge, et n'employez pas une éloquence inutile.. ; le moment du sentiment n'est pas encore arrivé, conti-

nuez d'être simple. Dans cette occasion, après avoir
contemplé ensemble le soleil levant, vous direz à
votre élève : Je songe que le soleil se lève là, le matin
et qu'il se couche de l'autre côté, le soir... Cette re-
marque le frappe... vous en reparlerez... et voilà sa
première leçon de cosmographie.

Les premiers points de géographie seront : la ville
ou il demeure, la campagne qu'il habite, les rivières
du voisinage et la manière de s'orienter... Il peut
faire lui-même une carte très simple de tout cela.

Souvenez-vous que ma méthode n'est pas d'enseigner beaucoup à l'enfant, mais de ne laisser entrer
dans son cerveau que des idées justes et claires. La
raison vient lentement, mais les préjugés viennent en
foule, il faut l'en préserver.

Durant le premier âge, nous perdions le temps
de peur de le mal employer, à présent c'est le contraire, nous n'en avons pas assez pour faire tout ce
qui est utile. Il ne s'agit pas de lui enseigner pour le
moment toutes les sciences, mais il faut lui donner
le goût de les aimer et les méthodes pour les apprendre quand ce goût sera développé. Voici le temps de
l'accoutumer à donner une attention suivie au même
objet... mais sans aller jusqu'à l'ennui... S'il vous
questionne répondez, mais dès qu'il bat la campagne,
arrêtez-le, ceci est important, quand vous commencez
à raisonner avec lui.

Je veux que nous fassions nous-mêmes toutes
nos machines d'expérience ; nos instruments ne seront pas parfaits, mais mon petit physicien sera
content parce qu'elles seront siennes. On se rend in-
génieux à inventer des instruments, plutôt que de
vivre dans la nonchalance ; comme un homme toujours habillé par ses gens et traîné par ses chevaux,
perd l'usage de ses membres.

Au lieu de coller l'enfant sur des livres, je l'occupe dans un atelier où ses mains travaillent au profit
de son esprit ; il y devient philosophe et croit n'être
qu'un ouvrier...

Sitôt que l'enfant connaît ce qui lui convient ou
ne lui convient pas, il sent la différence du travail à
l'amusement, alors les objets utiles peuvent entrer
dans ses études. La nécessité apprend à l'homme à
faire ce qui ne lui plaît pas, pour prévenir un mal
encore plus déplaisant... C'est la prévoyance, d'où
naît la sagesse, ou la misère, selon que cette prévoyance est bien ou mal réglée.

Tout homme veut être heureux... mais le bonheur de l'homme naturel est simple comme sa vie :
la santé, la liberté, et le nécesaire le constituent. Il
n'est pas encore question ici, du bonheur moral ; il
est inutile d'appliquer l'enfant à des études d'un âge
plus élevé, auquel il n'est pas sûr de parvenir.

Sitôt que mon élève aura compris le mot « utile »...
ce sera le mot déterminant entre lui et moi, dans les
actions de notre vie... A quoi cela est-il utile?.. lui
dirai-je constamment...

· Et surtout pas de discours qu'il ne retienne pas...
Les choses, les leçons de choses ! Nous donnons trop
de pouvoir aux mots, nous ne faisons que des babillards...

Surtout pas de rivaux entre les enfants, dès que
votre élève commence à raisonner; il ne doit rien
apprendre par jalousie ou par vanité : Je comparerai
ses progrès à ceux de l'an passé, je lui dirai : Vous
avez grandi de tant de lignes; voilà le fossé que vous
sautiez... et il voudra se surpasser lui-même.

Je hais les livres, ils n'apprennent qu'à parler de
ce qu'on ne sait pas. *N'y aurait-il pas moyen de résu-
mer, de réunir, tant de leçons éparses dans tant de*

divres, sous un objet commun intéressant à suivre ?..

Mais enfin, puisqu'il nous faut des livres. il en existe un qui fournit pour l'âge de mon élève, un heureux traité d'éducation naturelle. Ce livre merveilleux composera longtemps toute la bibliothèque d'Emile, c'est : Robison Crusoë !

Robinson seul dans son île, sans instruments, pourvoyant à sa subsistance, voilà un objet intéressant ! Ce roman débarrassé de son fatras, sera l'amusement et l'instruction d'Emile, à l'époque où il est arrivé. Je veux que la tête lui en tourne; je veux qu'il fasse lui-même, tout ce qu'il ferait s'il était en pareil cas et qu'il corrige les fautes de son héros. Ainsi, l'enfant pressé de se faire un magasin pour son île, apprendra en s'amusant, tout ce qui lui est utile.

Tant que l'homme ne connaît que le besoin physique, il se suffit à lui-même, c'est le désir du superflu qui lui rend indispensable le partage du travail : Cent hommes travaillant de concert, gagneront de quoi en faire vivre deux cents. Sitôt qu'une partie des hommes se repose, il faut que les autres travaillent doublement, pour suppléer à leur oisiveté.

Dès que votre élève connaît la mutuelle dépendance des hommes, tournez son attention vers l'industrie et les arts mécaniques, qui rendent les hommes utiles les uns aux autres. En promenant mon élève d'atelier en atelier, il mettra lui-même la main à l'œuvre ; je veux qu'il sache la raison de tout ce qui s'y fait. Une heure de travail lui apprendra plus de choses, qu'une journée d'explications.

Il y a un ridicule préjugé qui fait que l'estime publique est attachée aux arts en raison inverse de leur utilité. Cette estime se mesure sur leur inutilité même, car les arts utiles sont ceux qui gagnent le moins, parce que le nombre des ouvriers se propor-

tionne aux besoins des hommes et le travail nécessaire à tout le monde, reste à un prix que le pauvre
peut payer.

Au contraire ces gens importants qu'on nomme
" artistes "... ne travaillent que pour les oisifs et les
riches, aussi ils mettent un prix arbitraire à leurs ba-
bioles... et comme le mérite de ces vains travaux
n'est que dans l'opinion, on ne les estime qu'à pro-
portion de ce qu'ils coûtent. Le riche en fait cas,
parce que le pauvre ne les peut pas payer. Vos élèves
ne doivent pas adopter ce sot préjugé ; ils ne doivent
pas vous voir entrer avec plus d'égards chez un or-
fèvre que chez un serrurier ; quel jugement mon
élève portera-t-il du vrai mérite des arts, quand il
verra partout le prix de fantaisie, en contradiction
avec le prix de ce qui est utile ?...

« Mais me direz-vous, mon fils n'est pas fait
pour vivre avec des sages, il doit connaître les folies
des hommes ; à quoi bon donner à mon fils l'idée
d'un ordre contraire à celui qui est établi... dans la
société, le sage est celui qui se sert le mieux de
l'homme »... Voilà les maximes des pères qui rendent leurs enfants esclaves des préjugés ! Il faut, pour
bien connaître l'homme, montrer à l'enfant ses erreurs. Il faut qu'il compare ce qui est vrai, à ce qui
est d'opinion. Il doit s'élever au-dessus du vulgaire,
car on ne connaît pas les préjugés, quand on les
adopte. Il faut qu'il apprécie l'opinion publique, si
souvent fausse, ou il l'adoptera et vous ne pourrez
plus la détruire dans son esprit.

Il faut enseigner à Emile que le fer est d'un plus
grand prix que l'or et il devra préférer le verre au
diamant ; de même il honorera plus un cordonnier,
un maçon, que des joailliers qui à son âge, lui pa-
raîtront inutiles.

Emile considérera donc les arts selon leur utilité, mettant au premier rang, les arts indépendants. L'emploi des matières premières se fait dans des métiers sans honneur et sans profit, cependant les arts les plus indispensables méritent le plus d'estime. Voilà les règles de l'appréciation des arts et de l'industrie : tout ce qui est utile d'abord... tout le reste est arbitraire et ne dépend que de l'opinion.

Le plus utile et le plus respectable des arts est l'agriculture ; je mettrai la forge au second rang ; la charpente au troisième... etc... et mon élève qui n'aura pas de préjugés, jugera comme moi.

La société des arts consiste en échange d'industrie, celle du commerce en échange de choses ; celle des banques en échange de signes et d'argent : faites comprendre à votre élève le jeu du trafic et faites-lui étudier les productions naturelles de chaque pays.

Nulle société ne peut subsister sans échange ; nulle échange sans mesure commune et nulle mesure commune, sans égalité, aussi toute société a pour première loi quelque égalité conventionnelle dans les hommes et dans les choses. L'égalité conventionnelle entre les hommes rend nécessaire le gouvernement et les lois. L'égalité conventionnelle entre les choses, a fait inventer la monnaie, terme de comparaison pour la valeur des choses de différentes espèces ; en ce sens, la monnaie est le vrai lien de la Société ; mais tout peut-être monnaie, autrefois le bétail, le fer. etc..... l'ont été.

Mais surtout n'expliquez pas encore à votre élève, comment de la monnaie sont nées toutes les chimères de l'opinion, il est trop jeune pour le comprendre.

Il est temps que l'enfant commence à juger du bon et du mauvais ordre de la société civile : Nous allons dîner dans une maison opulente; beaucoup de laquais, un service élégant. Tout cet appareil enivre Emile...; tandis que les services se succèdent, je lui dit : Savez-vous par combien de mains ont passé tout ce que vous voyez sur cette table, avant d'y arriver ?

Ces mots abattent son délire; il calcule... avec son jugement sain, que pensera-t-il du luxe quand il trouvera que 20 millions de mains ont travaillé à ce dîner... et tout cela pour lui présenter en grande pompe, ce qu'il déposera le lendemain dans sa garde-robe !

Si votre élève est mal élevé, il se regardera comme une personnage important, pour tant de soins donnés à son dîner, mais pour mon Emile, la comparaison d'un dîner simple, assaisonné par l'exercice et la liberté, avec ce festin si compassé, cela suffira pour lui faire sentir que son estomac est aussi content de la table du paysan, que de celle du financier.

Après cette épreuve, je dirai à Emile : Où dînerons-nous ce soir ? autour de cette montagne d'argent qui couvre la table, parmi ces femmes qui vous traitent de marionnettes, ou dans le village, chez ces bonnes gens qui nous reçoivent si joyeusement ?...

Emile n'aimant pas la gêne et les ragoûts fins ne lui ayant pas plû, son choix n'est pas douteux et puis il aime tant la campagne, les fruits, la crême, les bonnes gens ! Ceux qui donnent ces grands dîners ne pensent qu'à étaler leurs richesses tandis que mon élève ne pense qu'à la liberté de manger à son aise; le goût d'Emile pour la campagne est le fruit de son éducation; d'ailleurs, il est peu flatté des femmes, n'ayant pas cet air fat qui leur plaît et je ne lui ai pas appris à leur dire des fadaises, il n'y a pas de raison pour un enfant, de traiter un sexe autrement que l'autre.

En faisant dorénavant passer devant l'enfant tout ce qu'il doit connaître, nous le mettons à même de développer son génie; mais nous nous proposons d'acquérir moins la science, que le jugement.

Ma méthode est fondée sur le choix des occupations qui conviennent à l'enfant à ses différents âges.

Examinons maintenant, comment Emile peut être utile aux autres hommes et en quoi les autres peuvent être utiles à lui-même. Un homme qui dans notre société telle qu'elle est organisée, voudrait vivre isolé, serait misérable, car trouvant partout la terre accaparée, comment trouverait-il le nécessaire, s'il n'a rien à lui ?...

En sortant de l'état de nature pour former des sociétés, les hommes ont forcé tous leurs semblables à en sortir aussi... Ces réflexions que vous ferez à votre élève, formeront peu à peu dans son esprit, les idées des relations sociales : « Monseigneur il faut pourtant que je vive », disait un malheureux solliciteur à un ministre... « Je n'en vois pas la nécessité lui répondit l'homme en place..! »

Et cependant il faut que tout homme vive; puisque la nature nous donne une si forte aversion pour la mort, il s'ensuit que la nature permet tout à quiconque n'a nul moyen possible pour vivre. Heureux les peuples chez lesquels on peut être bon sans effort et juste sans vertu! S'il est un état où les citoyens sont devenus fripons par nécessité, ce n'est pas le malfaiteur qu'il faut pendre, c'est celui qui le force à le devenir. Il faut donc avant tout, trouver des moyens de remédier à ces infortunes. Jusqu'ici, avec mon élève, je n'ai point distingué les rangs, les fortunes et je ne les distinguerai guère plus, dans la suite... parce que le riche n'a pas l'estomac plus grand

que le pauvre et qu'un grand n'est pas plus grand
qu'un homme du peuple.

Qu'y a-t-il de plus ridicule qu'un grand seigneur
devenu gueux et qui porte dans sa misère, les préjugés de sa naissance? Qu'y a-t-il de plus triste, qu'un
riche appauvri qui, se souvenant du mépris qu'il
portait à la pauvreté, se croit depuis qu'il est pauvre,
le dernier des hommes.

L'ordre actuel de la société est sujet à des révolutions inévitables, ne vous y fiez pas... Le grand
devient petit, le riche devient pauvre, le monarque
devient sujet... nous approchons du siècle des révolutions; je tiens pour impossible que les grandes monarchies de l'Europe aient encore longtemps à durer;
toutes ont brillé et tout état qui a brillé est sur son
déclin... tout passe !

Qui peut répondre de ce que vous deviendrez, en
ces temps de crises inévitables? Les révolutions comme les tempêtes, sont impossibles à arrêter. Tout ce
qu'ont fait les hommes, d'autres hommes peuvent le
détruire... et la nature n'a fait ni riches, ni grands
seigneurs... que fera dans la pauvreté ce fastueux qui
ne sait vivre que d'or ?...

Heureux celui qui pourra rester homme, en dépit
des révolutions ! On loue ce roi vaincu qui s'est en-
terré sous les débris de son trône, moi, je le méprise,
car il avoue qu'il n'est plus rien s'il n'est pas roi !
Tandis que celui qui perd sa couronne et sait s'en
passer, monte du rang de roi qu'un fou peut remplir,
à l'état d'homme, ce qui vaut mieux.

Les biens du citoyen sont dans la société malgré
lui et quand un homme est riche, le public jouit de
sa richesse... Mais *si ce riche est avare et ne jouit
pas de sa richesse, il vole les autres, de ce dont il se
prive, il ne paye pas sa dette à la société.* « Mais dira

l'avare, mon père en gagnant ce bien avait servi la société..... » Soit, votre père a payé sa dette, mais non la vôtre ; sachez que vous devez plus aux autres que si vous fussiez né sans bien, puisque vous êtes né favorisé. Il n'est pas juste que ce qu'un homme a fait pour la société, en décharge un autre de ce qu'il lui doit, car chacun ne peut payer que pour lui ; *nul père ne peut transmettre à son fils, le droit d'être inutile à ses semblables. Celui qui mange dans l'oisiveté ce qu'il n'a pas gagné lui-même, le vole,* et un rentier qui ne fait rien, est un brigand qui vit aux dépens des passants.

Hors de la société, l'homme isolé a le droit de vivre comme il lui plaît, mais *dans la société, nul n'a le droit de vivre aux dépens des autres. Chacun doit aux autres en travail, le prix de son entretien... et cela, sans exception. Travailler est donc le devoir indispensable de l'homme social. Riche ou pauvre, puissant ou faible, tout citoyen oisif, est un fripon !*

De toutes les occupations qui fournissent la subsistance à l'homme, celle qui se rapproche le plus de la nature, est le travail des mains ; la condition la plus indépendante, est celle de l'artisan, il ne dépend que de son travail, il est aussi libre que le laboureur est esclave, car celui-ci tient à son champ et par ce champ on peut le vexer de mille manières, tandis que partout où on veut vexer l'artisan, il emporte ses bras et s'en va. Cependant l'agriculture est le premier métier de l'homme, c'est le plus utile et par conséquent le plus noble.

Emile sait l'agriculture, je lui dis ; « tu cultiveras l'héritage de tes pères, mais si tu perds un jour cet héritage, que feras-tu ?.. Tu dois pour remédier à des revers de fortune dont nul n'est à l'abri, apprendre un métier...

« Mon fils artisan, y pensez-vous ?.. » Oui, j'y pense mieux que vous qui voulez le réduire à n'être qu'un lord, un marquis, un prince... et peut-être un jour moins que rien ; moi je veux lui donner un rang qu'il ne puisse jamais perdre et qui l'honore partout : je l'élève à l'état d'homme et il aura moins d'égaux à ce titre, qu'aux titres qu'il tient de vous.

Sachez vaincre les préjugés qui méprisent les gens qui travaillent. Abaissez-vous à l'état d'artisan, pour être au-dessus de la fortune et des choses, pour vous en rendre indépendant.

Sachez que c'est un vrai métier que je vous demande d'apprendre, un métier où les mains travaillent plus que la tête, un métier qui ne mène point à la fortune, mais avec lequel on peut s'en passer...

Ne prenez jamais un emploi qu'on n'obtient que par la faveur, que feriez-vous si vous ne pouviez parvenir aux ministres, aux femmes de la Cour ?..

Vous voulez être architecte, peintre ? alors courez de porte en porte, pour obtenir la célébrité... Voulez-vous devenir maître de langues, de dessin, de musique ? Il faut trouver des écoliers, des prôneurs et ces métiers sont peu solides, les revers y sont nombreux, ils vous avilissent sans vous faire vivre suffisamment et vous dépendez des riches, c'est-à-dire que vous avez empiré votre esclavage ! Mais si pour vivre vous recourez à vos mains, la ressource est toujours prête ; vous n'avez plus besoin de ramper devant les riches... que de coquins mènent les grandes affaires, dans votre vie obscure vous serez un honnête homme et vous aurez toujours du pain... Vous entrez dans la première boutique du métier que vous avez appris vous y gagnez votre dîner... ; si vous êtes sobre, avant huit jours vous aurez de quoi vivre huit autres jours, vous aurez vécu libre, vous n'aurez pas perdu votre temps.

Je veux absolument que mon Emile apprenne un métier utile..., mais je ne veux pas qu'il soit brodeur, métier inutile, ni faiseurs de livres, moi je n'écris que pour empêcher mes lecteurs d'imiter ma faute...

Mais direz-vous : les soldats, les espions, les bourreaux sont utiles !... Il ne tient qu'au gouvernement qu'ils ne le soient plus...

Etudions les goûts d'un enfant, mais n'attribuons pas trop vite à un goût marqué son esprit imitatif ; le monde est plein d'artisans et d'artistes qui n'ont pas le talent de l'art qu'ils exercent, mais dans lequel on les a poussés trop tôt, trompés par un zèle apparent.

Déjà Emile sait manier la bêche, se servir du tour, du marteau, du rabot et de la lime, il est prêt à tout.....

J'interdis à mon élève les métiers malsains, mais non les métiers pénibles et dangereux, car ils exercent la force et le courage.

Si quelque homme a honte de travailler armé d'un outil, c'est un esclave de l'opinion prêt à rougir de bien faire... Le Czar Pierre le Grand était charpentier, ce prince valait autant que vous par le rang et le mérite.

Enfin, je n'aimerais pas pour Emile ces professions dont les ouvriers font toujours le même travail, comme les tisserands, les scieurs de pierre.

Emile sera menuisier, cet état utile et propre peut s'exercer dans la maison, il exige de l'adresse et du goût. Nous n'irons que deux fois la semaine chez notre maître menuisier, car nous n'oublions pas que nous sommes aussi, apprenti homme.

Mais si mon élève travaille en paysan, je lui apprends à penser en philosophe ; il prend peu à peu le goût de la réflexion et de la méditation. Le secret d'une bonne éducation est de faire que les exercices du corps et ceux de l'esprit servent de délassement les uns aux autres.

Voilà notre Emile prêt à cesser d'être enfant. Après avoir exercé son corps et ses sens nous avons exercé son esprit et son jugement, pour achever l'homme il ne nous reste plus que de faire un être aimant et sensible : de perfectionner sa raison par le sentiment.

Aujourd'hui Emile juge, il doit donc apprendre à bien juger. Emile est fait pour habiter les villes, il faut qu'il sache y vivre, non comme les habitants, mais avec eux... Apprenons-lui donc à les juger, apprenons-lui la vérité, car je veux qu'il aime la vérité par dessus tout !

Emile ne sait encore rien de l'histoire, de la morale, de la métaphysique, mais il est devenu laborieux, tempérant, patient et courageux. Il ne sait pas encore ce que c'est que la mort, mais vivre libre et détaché des choses humaines, est le meilleur moyen d'apprendre à mourir. Il a l'esprit juste et sans préjugés et a vécu heureux et libre jusqu'à 15 ans, je trouve qu'il n'a pas perdu son temps.

LIVRE IV.

Que nous passons rapidement sur cette terre ! Le premier quart de la vie est écoulé avant qu'on en connaisse l'usage, le dernier quart s'écoule après qu'on a cessé d'en jouir, et les trois quarts du temps qui nous reste sont consumés par le sommeil, le travail, la douleur, les chagrins !

L'instant de la mort a beau être éloigné de celui de la naissance, la vie est trop courte quand cet espace est mal rempli !

Nous naissons en deux fois ; l'une pour l'espèce et l'autre pour le sexe.

L'homme sort de l'enfance par une crise. Cette révolution s'annonce par un changement d'humeur, des emportements. Sa figure change, sa voix mue, ses yeux deviennent expressifs. S'il s'attendrit ou s'irrite facilement, s'il se trouble près des femmes, sage maître prends garde, ou tout est perdu ! C'est ici la seconde naissance, à cette époque finissent les éducations ordinaires, la nôtre va sérieusement commencer.

Nos passions sont les instruments de notre conservation, il est donc ridicule de vouloir les détruire. Celui qui voudrait empêcher les passions de naître serait fou. Mais nos passions naturelles sont bornées et tendent à notre conservation, tandis que les passions qui nous détruisent, ne nous viennent qu'au préjudice de la nature.

L'amour de soi est bon... le premier sentiment de l'enfant est de s'aimer lui-même, le second est d'aimer ceux qui l'approchent. A mesure que l'enfant étend ses besoins, ses rapports avec autrui lui donnent le sentiment de ses devoirs ; mais alors il devient jaloux, car si l'amour de soi est content quand ses besoins sont satisfaits, l'amour-propre n'est jamais content parce qu'il exige que les autres nous préfèrent à eux-mêmes, chose impossible. Voilà comment les passions affectueuses naissent de l'amour de soi et comment les passions humaines naissent de l'amour-propre.

Ce qui rend l'homme méchant est d'avoir beaucoup de besoins et de tenir trop à l'opinion des autres; sur ce principe, le maître doit pour bien diriger les passions de l'enfant diminuer ses besoins et faire qu'il tienne peu à l'opinion... ici, l'art est indispensable pour prévenir leur dépravation.

L'homme a besoin d'une compagne ; un sexe est attiré vers l'autre, voilà l'ouvrage de la nature ; le choix, les préférences sont l'ouvrage des préjugés ou de l'habitude ; on n'aime qu'après avoir jugé, comparé.

Le véritable amour sera toujours honoré, malgré ses emportements qui nous égarent.

Pour être aimé il faut se rendre plus aimable que les autres, aux yeux de l'objet aimé ; de là naît l'émulation et aussi les rivalités... puis la haine... ; du sein de ces passions, les stupides mortels ne vivent plus que sur les jugements d'autrui.

Ces passions naissent malgré nous, il est donc temps de changer de méthode avec notre élève.

Le passage de l'enfance à la puberté, varie selon les tempéraments et les climats. Les instructions de la nature sont tardives, mais celle des hommes est prématurée, l'imagination donne aux sens une activité précoce qui affaiblit les individus d'abord et l'espèce à la longue.

Le voile de mystère qu'on tend devant les yeux des enfants est un aiguillon à leur curiosité ; cette méthode insensée accélère l'ouvrage de la nature et les jeunes gens épuisés de bonne heure, restent faibles, délicats. Chez les peuples grossiers et simples, l'ignorance prolonge l'innocence des enfants, aussi font-ils des hommes robustes et sains.

On peut retarder cet âge. S'il ne faut pas les éclairer de bonne heure, il ne faut pas non plus les mettre dans l'erreur. Si on leur répond, que ce soit avec simplicité, sans mystère, mais jamais de men-

songe. Ayez soin qu'à dix ans, ils connaissent la différence des sexes, ce sera moins dangereux qu'à seize
ans. Les enfants n'ont point de pudeur, car ils ne
connaissent pas le mal ; donnez-donc à l'enfant des
leçons de bienséance, au nom de la propreté, puisque
les organes des plaisirs secrets et ceux des besoins dé-
goûtants, sont placés ensemble.

Si vous imposez silence à votre élève, quand
il demande : « Comment se font les enfants ? » il
n'a plus que le désir d'apprendre un secret qu'on lui
cache : « Les femmes pissent les enfants avec des
douleurs qui leur coûtent quelquefois la vie... » dirai-
je à Emile, l'idée d'un besoin naturel détourne chez
l'enfant celle d'une opération mystérieuse, les idées
de souffrances et de mort amortissent leur imagination... Le désir ne peut naître de cet entretien.

Nos enfants lisent des romans en cachette, des
domestiques leur font la cour aux dépens des mœurs,
des gouvernantes rieuses leur tiennent à quatre ans
des propos qu'elles n'oseraient leur tenir à quinze...
et les enfants n'oublient rien de tout cela.

L'enfant élevé selon son âge, aime sa sœur comme
il aime sa montre, son ami, son chien ; ils ne sont
d'aucun sexe... le temps vient où la nature l'éclaire ;
voilà le principe.

Tandis qu'un enfant civilisé, accélère la marche
de la nature, car il était homme par la pensée, avant
de l'être en effet.

La nature est plus lente : une longue inquiétude
précède les premiers désirs, on sent qu'on n'est pas fait
pour vivre seul... ainsi le cœur s'ouvre aux affections
humaines.

Un jeune homme a des amis avant d'avoir une
maîtresse, profitez de sa sensibilité naissante pour
jeter alors dans son âme les semences de l'humanité.

Un jeune homme élevé dans une heureuse simplicité est porté vers les passions tendres, il s'émeut des peines de son semblable.

Ce sont nos misères communes qui portent nos cœurs à l'humanité... car celui qui n'aime rien, ne peut être heureux.

Voulez-vous tourner votre élève vers la bienfaisance et la bonté? Ne faites pas germer en lui la vanité par la trompeuse image du bonheur des hommes; ne lui montrez la grande société qu'après l'avoir mis en état de l'apprécier.

Les hommes ne sont par nature, ni rois, ni grands, ni riches; tous les hommes sont nés nus et pauvres, tous sont sujets aux maux de toute espèce; enfin, tous sont condamnés à mort. Voilà la vérité!

A seize ans, l'adolescent a déjà souffert, alors il s'émeut sur les douleurs de ses semblables.

Il faut exciter chez le jeune homme la bonté, la bienfaisance, l'humanité et empêcher de naître, l'envie et la haine qui feraient son tourment.

Pour porter un jeune homme à l'humanité, loin de lui faire admirer le sort des hommes riches, il faut le lui montrer par ses côtés tristes... alors il se frayera une route au bonheur par un autre chemin.

On ne plaint dans autrui que les maux dont on ne se croit pas exempt, ainsi les rois sont souvent sans pitié parce qu'ils comptent de n'être jamais homme; et les riches sont durs envers les pauvres, parce qu'ils n'ont pas peur de le devenir; la noblesse méprise le peuple parce qu'un noble ne sera jamais roturier.

C'est un tort de raisonner ainsi. Apprenez à votre élève à ne compter ni sur sa naissance, ni sur sa santé, ni sur les richesses... Montrez-lui des exemples de gens qui d'un état élevé sont devenus malheureux...

dites-lui qu'on ne peut lui assurer si dans une heure il sera vivant ou mort... il est d'âge à connaître les calamités humaines.

Le peuple compose tout le genre humain et ce qui n'est pas peuple est si peu de chose que ce n'est pas la peine de le compter... Or, les états les plus nombreux méritent le plus de respect. Le sage voit les mêmes sentiments dans le goujat que dans l'homme illustre, leur langage seul est plus ou moins apprêté...

Le peuple n'est pas faux, il se montre tel qu'il est et il n'est pas aimable ; mais les gens du monde se déguisent, s'ils se montraient tels qu'ils sont en général, ils feraient horreur !

Nous savons que le riche a aussi des peines et que ses plaisirs sont vains.. ; mais les peines du riche viennent de lui seul, qui abuse de son état... tandis que la peine des misérables vient de ce qu'il ne peut s'habituer à mourir de faim.

Sous un autre langage, les gens du peuple ont autant d'esprit et souvent plus de bon sens que les gens du monde.

Respectez donc votre espèce qui est composée de la collection des peuples ; quand les rois et les philosophes en seraient ôtés il n'y paraîtrait guère et les choses n'en iraient pas plus mal. En un mot, apprenez à votre élève à aimer tous les hommes, faites en sorte qu'il se trouve bien dans toutes les classes ; ne déshonorons pas l'homme, en parlant de lui avec mépris.

C'est par ces routes contraires à celles qui sont frayées, qu'il convient d'entraîner votre élève à s'occuper de ses semblables, c'est à cet âge que le maître forme le cœur de son élève et sonde dans ses yeux les mouvements de son âme pour les diriger.

Ne vous pressez pas de juger les jeunes gens insensibles, leur insensibilité se changera en attendrissement quand ils commenceront à sentir qu'il y a dans la vie mille douleurs qu'ils ne connaissaient pas.

Prenons deux jeunes gens entrant dans le monde, votre élève et le mien. L'un va à la Cour, chez les riches, chez les jolies femmes... je suppose que sa raison résiste à cette vie. Tous les jours de nouveaux plaisirs volent au-devant de lui... Vous l'estimez content..? Moi je crois qu'il souffre.

Il aperçoit d'abord des prétendus biens qui ne sont pas encore à sa portée. Se promène-t-il dans un palais, il regrette que la maison de son père ne soit pas ainsi... sa vanité s'en révolte. S'il rencontre un jeune homme mieux mis que lui, il murmurera contre l'avarice de ses parents... ou il aura la douleur de voir cet autre l'effacer par sa naissance ou son esprit... ne fut-il dédaigné que d'un seul homme, le mépris de cet homme empoisonne sa journée.

Il est aimable, il aura de bonnes fortunes, mais aucune passion pour les goûter, parce que les femmes l'auront recherché avant qu'il les aime. Ses désirs n'ayant pas eu le temps de naître, il ne sent que la gêne au milieu des plaisirs... il ne continue à voir les femmes que par vanité et quand il s'attacherait par un goût véritable, il ne trouvera pas toujours des maîtresses fidèles... que de tracasseries déjà, que de trahisons ! L'expérience du monde dégoûte d'une telle vie !

Quel constraste pour votre élève qui jusqu'ici enfermé dans le sein de sa famille, s'est vu l'unique objet de l'attention de ses parents et qui entre dans un ordre de chose où il est compté pour si peu... que d'humiliations à essuyer avant de prendre les préjugés de ces inconnus..! Enfant, tout lui cédait, jeune homme, il faut qu'il cède à tout le monde, que de dures leçons à supporter ! Tout ce que d'autres ont,

il voudrait l'avoir, la vanité le ronge, la jalousie et la
haine naissent avec ses désirs. Le soir, sortant du
tumulte du monde il rentre mécontent de lui et des
autres, il s'endort plein de mille vains projets de biens
chimériques qu'il ne possédera jamais... Voilà votre
élève !...

Le mien, en entrant dans le monde, se sent
triste, mais le premier retour sur lui-même est un
sentiment de plaisir. En voyant de combien de maux
il est exempt, il se sent heureux ; il partage les peines
de ses semblables, mais il les console...

Un homme n'est souvent qu'un infortuné qui
s'étourdit... Ces gens-ci, riants dans un cercle, sont
souvent tristes chez eux. Le vrai contentement n'est
pas si gai, une homme heureux resserre son bonheur
autour de son cœur. Les jeux bruyants voilent l'ennui, mais la mélancolie est amie de la volupté. Si une
vie uniforme paraît d'abord ennuyeuse, on s'aperçoit
bientôt au contraire, que la plus douce habitude de
l'âme consiste dans une modération de jouissance.

L'homme du monde, habitué à son masque est
mal à l'aise quand il est forcé de rentrer en lui-
même ; paraître est tout pour lui ; le visage d'un jeune
homme du monde ne respire que l'impertinence et
l'affectation.

Emile au contraire a une figure simple et ou-
verte qui inspire la confiance ; il n'a appris aucune
manière de convention... je ne sais s'il en sera moins
aimable, mais il en sera plus aimant.

Quand l'âge critique arrive, n'offrez pas à votre
élève des spectacles excitants. Eloignez-le des grandes villes où l'immodestie des femmes, hâte l'œuvre
de la nature. Ramenez votre élève dans son habitation
champêtre, où la simplicité laisse les passions plus

tranquilles. Mais prévenez en lui une dangereuse
oisiveté ; choisissez ses sociétés et ses plaisirs.

Un militaire voyant son fils se livrer aux femmes, le mena dans un hôpital de vérolés... A ce hi-
deux spectacle, le jeune homme frémit! Cette vue fit
sur lui une impression ineffaçable... et empêcha ses
vices de naître... Maître, faites peu de discours, donnez ainsi des exemples pour leçons, ils seront d'un
effet plus certain.

Pour guider Emile à trouver parmi les hommes
la place qui lui convient il faut lui faire connaître
l'ordre social et l'inégalité naturelle et civile.

C'est la modération qui rend les hommes libres
et indépendants ; quiconque désire peu de choses, tient
à peu de gens.

Il y a dans l'état civil une égalité chimérique
parce que la force publique qui sert le fort pour op-
primer le faible, rompt l'équilibre de la nature...
C'est ainsi que les lois de tous les pays favorisent le
fort contre le faible et celui qui possède, contre celui
qui n'a rien... Toujours la multitude est sacrifiée au
petit nombre et l'intérêt public, à l'intérêt particulier.
Toujours le nom de justice sert à la violence, d'où il
suit que les ordres qui devraient être utiles aux autres, ne sont utiles qu'à eux-mêmes. Puisque votre
élève doit connaître l'homme, levez le masque dont il
se couvre et peignez-le lui tel qu'il est, pour qu'il le
plaigne et ne veuille pas lui ressembler.

Le spectacle du monde ressemble à celui des
jeux Olympiques ; les uns y tiennent boutique et ne
songent qu'à leur profit, les autres y cherchent la
gloire... ; d'autres se contentent de regarder les jeux
et ceux-ci ne sont pas les plus mauvais... Je veux
qu'Emile sache que l'homme est bon par nature, et
que c'est la société mal organisée qui pervertit les

hommes... je lui apprendrai que leurs préjugés sont la source de leurs vices...

Mais je lui dirai aussi que si tous les hommes portent des masques dans la société; il y a heureusement des visages plus beaux que le masque qui les couvre.

Votre élève ne doit pas être trop prompt à juger, car il ne verrait que le mal, tandis qu'il y a aussi du bien; il deviendrait satirique et se dirait que si généralement l'homme est pervers, il peut être lui-même ainsi.

Montrez-lui les hommes anciens, de sorte qu'il put voir la scène, sans risquer de se gâter et sans agir... C'est le moment de lui apprendre l'histoire il y verra les hommes en spectateur et non comme complice ou accusateur. Pour connaître les hommes, il faut les voir agir. Dans le monde on les entend parler, mais ils cachent leurs actions... dans l'histoire, ces actions sont dévoilées alors on les juge en comparant ce qu'ils ont fait avec ce qu'ils ont dit; ce qu'ils ont été et ce qu'ils ont voulu paraître...

Malheureusement, l'histoire peint plus les hommes par les mauvais côtés que par les bons; l'histoire ne s'intéresse qu'aux révolutions, aux guerres et ainsi nous n'avons que l'histoire des peuples qui se détruisent, les peuples heureux et sages, n'ont pas d'histoire... nous ne savons donc que le mal, les méchants seuls sont célèbres... les bons sont oubliés... et voilà comment l'histoire calomnie le genre humain.

De plus, les faits dits historiques changent de forme dans la tête de l'historien, d'après ses intérêts et ses préjugés; la partialité déguise tout. Combien de fois un rocher, un tourbillon de poussière ont décidé d'un combat, sans que personne s'en soit aperçu!..

Cela n'empêche pas l'historien de vous dire la cause de la défaite, avec assurance !...

La critique elle-même, n'est qu'un art de choisir entre plusieurs mensonges, celui qui ressemble le plus à la vérité.

L'histoire n'est qu'un roman, dans lequel l'historien s'asservit à l'imagination d'autrui. On me dira que pourvu que le cœur humain soit bien peint, il importe peu que les évènements soient vrais... que nous font après tout, des faits arrivés il y a deux mille ans ? Mais si ces portraits sortent de la tête de l'historien, il est inutile qu'Emile s'en occupe. En histoire, je veux donc qu'il n'apprenne que des faits, rien que des faits ; Emile jugera lui-même, mais je ne veux pas d'historien qui juge. Thucydide est le modèle des historiens, il rapporte les faits sans les juger ; malheureusement il ne parle que de guerres et pas de choses instructives. Hérodote serait le meilleur des historiens si ses détails n'étaient puérils.

L'histoire est défectueuse en ce qu'elle ne tient régistre que de l'histoire des rois et non de l'histoire des peuples ; les causes progressives des faits restent inconnues...

L'histoire ne connaît pas l'homme public dans sa famille : Un jour d'été, le grand Turenne, en veste blanche, était à la fenêtre de l'antichambre, un de ses gens trompé par l'habit, lui applique un grand coup sur les fesses, Turenne se retourne... « Ah ! pardon Monseigneur, dit le valet effrayé, j'ai cru que c'était Georges !... Et quand ç'eût été Georges, dit Turenne... il ne fallait pas taper si fort !.. » Mais ce grand homme eut aussi des petitesses : Il affectait de céder le pas à son neveu, parce que cet enfant était de maison souveraine... Voilà l'homme !

Qu'on se représente Emile à dix-huit ans, jetant pour la première fois les yeux sur la scène du monde..; bientôt il s'affligera de voir le genre humain s'entre-déchirer pour des rêves.

A cet âge, laissez-le lire, mais mettez de la prudence dans le choix de ses lectures; il faut que cet exercice soit pour lui un cours de philosophie pratique... quand Emile lira par exemple que les grands desseins de Pyrrhus aboutirent à s'aller faire tuer par une tuile, de la main d'une femme, il ne verra plus dans les exploits de ce grand capitaine, qu'autant de pas pour aller chercher cette tuile.

Tous les conquérants n'ont pas fini misérablement, mais le sage verra leurs soucis s'accroître avec leur fortune. L'empereur Auguste régna quarante ans sur le plus grand empire du monde, cet immense pouvoir ne l'empêchait pas de frapper les murs de sa tête en redemandant ses légions détruites. Ses meilleurs amis attentaient à sa vie et il pleura la honte et la mort de tous ses parents. L'infortuné voulut gouverner le monde et ne sût pas gouverner sa maison ! Lui-même en fut réduit à ne laisser qu'un monstre pour lui succéder... Tel fut le sort de ce maître du monde, tant célébré pour sa gloire !

———

Pour bien observer les hommes, il faut une grande impartialité à les juger, un cœur assez sensible pour concevoir leurs passions et assez calme pour ne pas les éprouver. Or, si Emile juge bien les hommes, il ne voudra être à la place d'aucun d'eux, car leurs tourments venant de leurs préjugés, Emile qui n'en a pas, les trouvera inutiles.

Il a des bras, peu de besoins et le plus grand des maux pour lui, est la servitude... Il plaint ces misésérables rois, esclaves de tout ce qui leur obéit, il plaint ces voluptueux de parade qui ont voué leur vie à l'ennui, pour paraître avoir du plaisir.

Emile sera tenté de croire qu'il est sage et que les autres sont fous..? J'espère qu'il ne sera pas si orgueilleux!.. les grands hommes sentent leur supériorité et n'en sont pas moins modestes, car ils connaissent tout ce qui leur manque, et son humiliés de leur misère.

L'homme de bien peut être fier de sa vertu, mais de quoi l'homme d'esprit est-il fier? J'ai choisi Emile parmi les esprits vulgaires, pour montrer ce que peut une bonne éducation sur l'homme, mais si Emile se croit supérieur aux autres, il faut prévenir son erreur. La vanité est une folie! Il peut préférer sa manière de voir à celle des autres, mais non se croire d'une nature plus excellente.

Rien ne corrige de la vanité comme l'expérience. C'est ici un cas d'exception à mes règles : exposez-le à tous les accidents qui lui prouve qu'il n'est pas plus sage que nous... Si des étourdis l'entraînent dans des extravagances, laissez-lui en courir le danger ; si des filous le volent au jeu, laissez-les le dévaliser, puis remerciez-les ensuite devant Emile, des leçons qu'ils lui ont données. Les seuls pièges dont je le garantirais, seraient ceux des courtisanes. Partagez tous ses dangers, endurez tout sans reproche, tout ce qu'il vous aura vu souffrir pour lui fera plus d'impression sur son cœur que ce qu'il aura souffert lui-même.

La plupart des gouverneurs, pour jouer les sages, traitent toujours leurs élèves en enfants... c'est de la fausse dignité; loin de ravaler leur courage, élevez leur âme et descendez jusqu'à eux, sans honte. Votre honneur est dans votre élève, partagez ses fautes pour l'en corriger; imitez ce brave Romain qui voyant fuir ses soldats, se mit à fuir à leur tête en criant : ils ne fuient pas, ils suivent leur capitaine ! Et il ne fut pas deshonoré pour cela, en sacrifiant sa gloire, il l'augmenta... Si je recevais un soufflet en remplissant mes fonctions près d'Emile, je m'en vanterais, loin de m'en venger et je doute qu'il y ait un homme assez vil pour ne pas m'en respecter davantage.

La confiance qu'Emile doit avoir en son gouverneur doit porter sur l'autorité de la raison et des lumières. L'expérience l'a convaincu que son conducteur l'aime, qu'il est sage et veut son bonheur. Il sait que dans son intérêt il doit écouter ses avis. Soyez simple et vrai avec lui, montrez-lui les périls auxquels il s'expose, mais sans pédantisme. S'obstine-t-il après cela, alors laissez-lui sa liberté, mais suivez-le et amusez-vous avec lui... ses fautes seront des liens qu'il vous fournit pour l'arrêter au besoin. Ne lui reprochez jamais ses fautes, je ne connais rien d'inepte comme ce mot : Je vous l'avais bien dit ! quand vous le verrez honteux effacez cette humiliation par de bonnes paroles, il vous aimera d'autant plus si vous le consolez au lieu de l'écraser.

Je crois qu'en suivant la route que j'ai marquée, votre élève achètera la connaissance des hommes et de soi-même, à bon marché.

Maintenant, à quel titre le jeune homme entrera-t-il dans les affaires du monde ?..

L'homme est la plus vile des marchandises et parmi nos droits de propriété celui de la personne est le moindre de tous.

Quand je vois que sans expérience on jette les jeunes gens dans le monde et dans les affaires, je ne suis pas surpris qu'il y en ait si peu qui réussissent.

On nous apprend beaucoup d'inutilités et l'art d'agir est compté pour rien. Vous croyéz apprendre à vivre à vos enfants en leúr enseignant certaines contorsions, du corps et certaines formules de politesse... moi aussi j'ai appris à vivre à Emile et de plus à savoir gagner son pain, mais ce n'est pas assez, pour vivre dans le monde il faut y savoir traiter avec les hommes, calculer l'action et la réaction de l'intérêt particulier et prévoir les événements pour n'être pas souvent trompé dans les entreprises.

A tout âge il faut être bienfaisant envers les malheureux, c'est en faisant le bien qu'on devient bon. Il faut qu'Emile, consacre aux indigents sa personne et son temps, qu'il se fasse leur homme d'affaires, il ne remplira de sa vie un plus noble emploi. Combien d'opprimés obtiendront justice, quand il la demandera pour eux avec fermeté, quand il forcera les portes des grands et des riches pour faire entendre la voix des infortunés...

Mais Emile ira-t-il s'ingérer dans les affaires publiques ?.. Je n'en sais rien. Il fera tout ce qui est bon et utile et rien de plus. Il sait que les jeunes gens doivent être respectueux devant les gens plus âgés, discrets, modestes, mais hardis à bien faire et à dire la vérité. Tels étaient ces illustres Romains qui passaient leur jeunesse à défendre l'innocence, sans autre intérêt que de s'instruire en défendant la justice.

Emile n'aime pas les querelles, cet esprit de paix est un effet de son éducation. Il n'excite pas deux animaux à se battre, il ne cherche pas ses plaisirs dans la souffrance d'autrui. Mais si on lui cherche querelle, personne n'est à l'abri d'un soufflet... Ceci c'est autre chose, l'honneur des citoyens ne peut être à la merci d'un brutal... un soufflet a des effets civils dont nul tribunal ne peut venger. Emile est seul juge

entre son offenseur et lui... Je ne dis pas qu'il doit
s'aller battre, je dis qu'il se doit justice, il dépend
de lui qu'on ne se vante pas de l'avoir insulté (J.-J.
Rousseau ajoute à ce sujet :)

Le roi de Prusse frappa un jour de sa canne le
major qui commandait mal une manœuvre... l'of-
ficier outragé prend un pistolet le décharge aux pieds
du roi et d'un second coup, se casse la tête... Ce major fut sublime quand, prêt à s'ôter la vie, il respecte
son offenseur... quel remords il laissa au Monarque !
Mais dans ce cas un particulier respectant un brutal
obscur, ne serait qu'un sot !.. Cependant un homme
vertueux peut regretter de disposer ainsi de sa vie...
Sur ce chapitre de l'honneur, les lois sont insuffisantes. Laisser impuni son honneur, c'est y consentir
et c'est la raison qui rend le duel extravagant parce
qu'il expose l'innocent à périr sans vengeance.

Cependant si l'honneur prescrit la vengeance, il
la veut courageuse; celui qui se venge et meurt, est
bien réhabilité !

Si donc un homme flétri par un autre, lui casse
la tête, il se pourra que les juges le fassent pendre,
mais il ira au supplice avec l'estime des gens sensés
et la mort de cet homme de courage ne sera pas inutile à la Société.

On ne déshonore pas un homme qui sait mourir.

———

Emile souffre quand il voit souffrir... l'image du
bonheur et de la paix lui plaît. S'il voit régner la discorde entre ses camarades, il cherche à les récon-
cilier... J'aime à le redire : mettez les leçons des jeunes gens en actions et ne leur faites pas de discours,
l'expérience les enseigne mieux que les livres.

Mon Émile borné presque au nécessaire, à moins besoin des autres que les autres n'ont besoin de lui.

Il n'est pourtant pas flegmatique; dans le feu de l'adolescence, les esprits vivifiants de son sang portent à son cœur une chaleur qui brille dans son regard : pénétré de l'amour de l'humanité, sa généreuse franchise a je ne sais quoi d'enchanteur, et le rend éloquent...

En mettant la bienfaisance en action, il acquerra une grande expérience des hommes et apprendra à apprécier leurs actions mieux que les égoïstes qui ne font rien pour autrui. Ceux qui ne traitent que leurs propres affaires ne peuvent juger sainement des choses, en général. Réglant tout sur leur propre intérêt, dans tout ce qui porte atteinte à leur aventage, ils voient le bouleversement de l'univers. Moins nos soins tiennent à nous-mêmes, moins l'intérêt particulier est à craindre; l'amour du genre humain n'est en nous que l'amour de la justice.

Plus les soins d'Émile seront consacrés au bonheur d'autrui, plus ils seront sages; mais ne souffrons jamais en lui de préférence de personnes... pourquoi nuirait-il à l'un, pour servir l'autre? Il doit concourir au bonheur de tous et non de quelques-uns, c'est pour empêcher la pitié de dégénérer en faiblesse qu'il faut l'étendre sur tout le genre humain... Il faut par raison, avoir pitié de notre espèce, encore plus que de notre prochain.

Au reste ces moyens ont toujours rapport avec Émile, puisqu'il ressent une jouissance d'être bienfaisant.

Voyez les effets de ma méthode! les grandes vues qui s'arrangent dans la tête de mon élève! Les sentiments sublimes, étouffent dans son cœur les petites passions. La raison se forme en lui de l'expérience d'une grande âme qui se concentre dans les bornes de ce qui est possible.... Les principes du juste, du beau, les idées de l'ordre, se gravent dans son entendement; il voit ce qui peu faire le bien et ce qui l'empêche.

Depuis longtemps les lecteurs me voient dans le pays des chimères, tandis que je les vois dans le pays des préjugés... mon élève leur est étranger parce qu'il est l'élève de la nature... plus nous avançons, moi pour cultiver la nature, vous pour la dépraver par votre genre d'éducation, plus nous nous éloignons les uns des autres... et vos élèves sont des théologiens, avant qu'Emile ait entendu parler de Dieu.

Je crois ma méthode bonne, parce qu'au lieu de me livrer à un système, je ne me fie qu'à l'observation... je ne me fonde pas sur mon imagination, mais sur ce que j'ai vu, après avoir comparé autant de rangs et de peuples que j'en ai vus dans une vie passée à les observer; j'ai retranché comme artificiel ce qui était d'un peuple et non d'un autre, d'un état et non d'un autre et je n'ai regardé comme appartenant à l'homme, que ce qui était commun à tous, à quelque âge, dans quelque rang et dans quelque nation que ce fût.

Or, si selon cette méthode vous suivez dès l'enfance un jeune homme qui n'aura point reçu de forme particulière et qui tiendra peu à l'opinion d'autrui, ce jeune homme ressemblera à mon élève et non aux vôtres.

Voulant faire l'homme de la nature il ne s'agit pas d'en faire un sauvage, mais il faut qu'il ne se laisse pas entraîner dans la vie sociale, par les passions et les préjugés et qu'aucune autorité ne le gouverne, hors celle de la raison.

Religion

Je n'ai pas encore parlé de religion à Emile et je trouve qu'à dix-huit ans, il est encore trop tôt pour qu'il apprenne qu'il a une âme.

L'être incompréhensible qui donne le mouvement au monde et forme les êtres, échappe à nos sens : l'ouvrage se montre, mais l'ouvrier se cache.

L'homme fit d'abord des dieux de tous les êtres qu'il crut plus fort que lui; les astres, les vents, les montagnes, les fleuves, tout avait son dieu.

Les idées de création, d'éternité, de divinité, sont si confuses qu'elles ne peuvent se présenter à l'esprit de jeunes élèves... Si on parle trop tôt de la puissance de Dieu à un enfant, il l'estimera aussi fort que son père...

Un pédant enseignant le catéchisme à des enfants, est ridicule... Si je voulais rendre un enfant fou je l'obligerais à m'expliquer son catéchisme... On m'objectera que les dogmes catholiques étant des mystères, l'esprit humain ne doit jamais les comprendre... mais s'ils sont impossibles à comprendre, il est encore plus difficile d'y croire, alors que gagne-t-on à les enseigner aux enfants ? L'obligation de croire en suppose la possibilité.

La foi des gens est une affaire de géographie... Dieu les punira-t-il d'être nés à la Mecque plutôt qu'à Rome ?.. On dit à l'un que Mahomet est le prophète de Dieu et il le croit; on dit à l'autre que Mahomet est un fourbe, et il le croit... Chacun eut affirmé ce qu'affirme l'autre, s'ils se fussent transposés. peut-on partir de là pour envoyer l'un en paradis et l'autre en enfer ?...

Enfin, vous prétendez qu'à sept ans, les enfants ont la capacité de croire à Dieu, moi je ne la leur accorde même pas à quinze ans, d'ailleurs l'ignorance ne peut être un crime.

Malheureusement les images informes de la divinité qu'on trace aux enfants, restent gravées toute leur vie dans leurs cerveaux.

On élève un enfant dans la religion de son père, on lui dit que cette religion est la seule véritable et que toutes les autres sont absurdes. A Constantinople, un Turc trouve le catholicisme ridicule; à Paris on trouve le mahométisme absurde...

Nous qui n'enseignons à Emile rien qu'il ne put apprendre en tout pays, nous le mettrons en état de choisir la religion que sa raison lui conseillera de prendre.

Lecteur, écoutez ce que pensait un homme qui valait mieux que moi :

Il y a trente ans, j'étais en Italie, réduit à la misère. Né calviniste à Genève, par une étourderie d'enfant je changeai de religion à Turin dans un hospice de prosélytes... où, en m'instruisant sur la controverse on me donna des doutes que je n'avais pas.

J'étais perdu sans un bon prêtre dont je reçus les leçons de sagesse. Cet honnête ecclésiastique vit que la mauvaise fortune avait déjà flétri mon cœur : j'avais vu que la religion ne sert que de masque à l'intérêt et que dans de vaines disputes, le paradis et l'enfer étaient mis pour prix à des jeux de mots; j'avais vu la sublime idée de la divinité défigurée par les fantasques imaginations des hommes et j'avais pris ces ridicules rêveries pieuses, en dédain.

L'oubli de toute religion conduit à l'oubli des devoirs de l'homme, l'incrédulité et la misère ne me préparaient que les mœurs d'un gueux et la morale d'un athée...

Le bon prêtre, résolut de me rendre à la vertu et il se fit le camarade d'un polisson !

Pour me garantir de la mort morale, il réveilla en moi, l'estime de moi-même et ranima mon cœur par le récit des belles actions d'autrui... Pour me détacher de la vie oisive, il me faisait faire des extraits de livres choisis qui m'instruisaient. Quel art employa cet homme bienfaisant pour me corriger !

La main qui me tira des désordres de ma jeunesse, mérite que je rende hommage à ses bienfaits.

Ce bon prêtre ne s'inquiétait pas si ceux qu'il aidait allaient à vêpres, s'ils faisaient maigre, etc., conditions sans lesquelles on n'a nulle assistance des dévots...

Il estimait même médiocrement les cérémonies du culte catholique, quoiqu'il fut fidèle à ses usages... je ne savais que penser de ces contradictions.

Ce qu'il eut de plus difficile à détruire en moi, ce fut une certaine aigreur contre les riches, comme si leur prétendu bonheur eut été usurpé sur le mien...

Il me montra alors, les maux que couvre la vaine apparence et je vis qu'il fallait plaindre mes semblables et non les envier. Il voyait partout les hommes victimes de leurs vices : les riches courbés sous le joug des préjugés et les pauvres gémissant sous le joug des riches. Il me montrait que nos illusions augmentent nos maux en donnant du prix à des choses qui n'en ont point.

« Je veux vous faire ma profession de foi, me dit le prêtre et vous connaîtrez le prix qu'il faut attacher à la vie. »

Le lendemain, il me mena sur une colline au-dessus de Turin, dans l'éloignement la chaîne des Alpes couronnait le paysage, c'était le plus beau ta-

bleau dont l'œil puisse être frappé... Ce fut là que
l'homme de paix me parla ainsi :

Profession de foi du Vicaire Savoyard

Je suis né pauvre et paysan ; on crut bien faire
en m'apprenant le métier de prêtre, mais en m'obli-
geant de n'être pas homme, j'avais promis plus que
je ne pouvais tenir...

Cependant je résolus de ne point profaner le
mariage... et cela me perdit en laissant mes fautes à
découvert, alors on m'interdit..!

Cela renversa les idées que j'avais du juste et de
l'honnête...

Le doute entra dans mon âme, rejetant un seul
point de l'église, je rejetais tout le reste...

Je fus effrayé de la voie ou je m'engageai... mais
j'étais décidé à ne prendre pour guide que ma conscience. Après avoir consulté les philosophes qui ne
me prouvèrent rien, je me mis à examiner toutes les
croyances...

L'idée la plus commune et la plus raisonnable
annonce un dieu, cette idée consolante et sublime,
élève l'âme... Tous les peuples croient en un dieu
juste qui meut l'univers et anime la nature... intelligence qui agit, choisit ; je vois cet être actif et pensant, exister dans les cieux qui roulent, dans le soleil qui nous éclaire, dans moi-même... *Je crois donc
en Dieu.* Voilà mon *premier article de foi!* L'ordre
qui règne dans l'univers me fait croire qu'une intelligence que j'appelle Dieu, dirige le monde. C'est mon
second article de foi !

Mais après avoir contemplé les œuvres de Dieu
quand je considère les œuvres des hommes, quel
spectacle ! Où est l'ordre que j'ai admiré dans la
nature ?.. Le genre humain ne m'offre que désordre !..

En méditant sur l'homme j'ai cru découvrir en lui deux principes, dont l'un l'âme, l'élève à l'amour de la justice et dont l'autre le corps, le ramène bassement à l'asservissement de ses sens.

Je me dis : l'homme est double : je me sens en même temps esclave et libre. Je crois que nous avons une voix intérieure que j'appelle : la conscience, elle n'est pas l'ouvrage des préjugés, car je crois que le sentiment de la morale et de la justice est écrit dans le cœur de l'homme.

La matière ne pouvant penser, je crois que l'homme a une âme, je sens que quelque chose est emprisonné en moi, qui cherche à briser ses liens...

Je sens que l'univers n'est pas assez grand pour mon âme, ses désirs, ses inquiétudes, son orgueil même, me prouvent son existence, dans ce corps trop étroit où elle est enfermée.

Je suis esclave par mes vices, mais la voix de mon âme s'élève contre la loi du corps... Ces deux principes l'un matériel et l'autre immatériel se combattent constamment.

L'homme a une âme. C'est mon troisième article de foi...

La providence a fait l'homme libre, afin qu'il fît le bien, par choix...

La suprême jouissance en ce monde, est le contentement de soi-même.

C'est l'abus de nos facultés qui nous rend malheureux et méchants. Le mal moral est notre ouvrage et le mal physique ne serait rien, sans nos vices et notre manière de vivre.

Quand on a gâté sa santé par une vie déréglée, on murmure contre la nature des maux qu'on s'est fait en l'offensant.

Homme, l'auteur du mal sur la terre, c'est toi-même, en dehors de toi tout est en ordre dans le système du monde; nos erreurs et nos vices sont nos ennemis...

Ma conscience me crie : Sois juste, borne tes désirs et tu seras heureux !

Si le juste est opprimé ici-bas, il sera récompensé dans une autre vie, mais Dieu ne lui doit pas la récompense avant qu'il l'ait méritée.

Quand l'union du corps et de l'âme est rompue par la mort, le corps se dissout et l'âme reprend sa liberté pour jouir des vérités éternelles... cette pensée console de cette vie! Ceux qui n'auront pas abusé de leur liberté pour mal vivre sur la terre, en seront dédommagés dans une autre vie, par l'auteur de toute justice.

Je trouve ces règles dans mon cœur, écrites par la nature : tout ce que ma conscience me dit être bien, est bien; et elle m'apprend qu'en faisant mon bien aux dépens d'autrui, j'agis mal; elle me défend aussi d'écouter mes sens...

La conscience est la voix de l'âme; les passions sont la voix du corps.

Plaignons ceux qui disent : « hors notre propre intérêt, tout nous est indifférent ». Croyons au contraire que l'humanité et l'amitié nous consolent dans nos pensées. Otez de nos cœurs l'amour du beau moral, vous ôtez tout le charme de la vie.

Celui qui n'aime que lui a le cœur glacé, il est déjà mort !

Soyons bons pour être heureux, le méchant vit inquiet et triste et la voix des remords punit les fautes cachées...

Jetez les yeux sur toutes les nations du monde, vous trouverez partout les mêmes idées de justice et d'honnêteté; les mêmes principes de morale, c'est ce qui prouve qu'il y a dans nos âmes un principe de justice et de vertu que j'appelle : *la conscience !*

Conscience! Immortelle et céleste voix, guide assuré d'un être borné mais intelligent, tu es le juge infaillible du bien et du mal !...

Malheureusement, beaucoup de gens n'écoutent pas leur conscience et comme elle aime la retraite et la paix, comme le bruit et le monde l'épouvantent, elle se tait dès qu'elle est éconduite...

O ! quand on a perdu le goût des plaisirs de l'âme, qu'il est difficile de le reprendre !...

O mon enfant, de quel poids on est soulagé quand, après avoir épuisé les vanités humaines, on trouve enfin la route de la sagesse !

Maintenant j'acquiesce à l'ordre que Dieu a établi dans le système de la nature... je supporte plus patiemment la douleur, songeant qu'elle vient d'un corps qui n'est point à moi. Si je fais une bonne action sans témoin, je sais que Dieu la voit et en prend acte...

Je ne sais pas pourquoi mon âme est asservie et enfermée dans mon corps qui la gêne, mais j'espère qu'il nous sera tenu compte de cet emprisonnement, si nous avons aimé le bien... »

Tout ému, je repondis à ce bon prêtre : Dans les sentiments que vous venez de m'exposer je vois le théisme, ou religion naturelle, qui est opposée à l'athéisme..! Je veux être votre prosélyte jusqu'à la mort !...

« Oui, me dit le vicaire, je vous ai exposé la religion naturelle et il est étrange qu'il en faille une autre! Je crois à Dieu; je crois que ce Dieu dirige l'univers; je crois que l'homme a une âme immortelle... Et je crois à la conscience, voix intérieure que Dieu nous a donnée pour nous enseigner le bien... J'admire l'ordre de la nature... je veux contribuer à cet ordre

admirable dans la mesure de mes forces ; j'aime mon
prochain comme moi-même, je déteste les athées et
les fanatiques qu'est-ce que les hommes m'apprendront de plus?... Leurs prétendues révélations dégra-
dent Dieu en lui donnant les passions humaines.
Leurs dogmes insensés rendent l'homme intolérant
et portent sur la terre le fer et le feu, au lieu de la
paix... Chaque culte prétend avoir reçu de Dieu une
révélation pour apprendre aux hommes à le servir...
Si l'on n'eût écouté que ce que Dieu dit au cœur de
l'homme, il n'y aurait sur terre qu'une religion : la
religion naturelle !

Il fallait dit-on un culte uniforme... Ah ! ne con-
fondons pas le cérémonial avec la religion. Il est absurde de s'imaginer que Dieu prenne intérêt à la
forme de l'habit du prêtre, aux mots qu'il prononce,
à ses génuflexions à l'autel...

Si le culte extérieur doit être uniforme, c'est une
affaire de police, il ne faut pas de révélation de Dieu
pour cela.

En considérant toutes ces sectes qui s'accusent
de mensonge, je me demandai d'abord : qu'elle est la
bonne?... Et chacun me répondait : C'est la mienne,
Dieu lui-même l'a dit à mon curé, qui dit aussi que
tous les autres prêtres mentent.

Quoi ! serai-je donc puni ou récompensé pour
être né dans un tel pays plutôt que dans tel autre?..
Parler ainsi c'est outrager la justice de Dieu !

Le pays où nous naissons nous donne sa religion ;
nous sommes circoncis, baptisés ou mahométants en
naissant, notre religion n'est pas de notre choix...

S'il était une religion hors de laquelle il n'y eût
que peines éternelles et qu'un seul mortel n'eût pas été
prévenu de son évidence, Dieu ne serait qu'un cruel
tyran...

Dieu a parlé aux hommes disent les prêtres, mais vous n'en avez rien entendu ! Alors il a chargé d'autres hommes de vous instruire... »

Il n'en aurait pas coûté plus à Dieu, de me parler à moi-même... que d'hommes entre Dieu et moi ! Enfin, examinons les livres écrits par les hommes à qui Dieu a parlé :

Considérez de quelle érudition j'ai besoin pour examiner les prophéties, révélations, miracles, de toutes les religions du monde... toujours pour trouver la meilleure... Il me faut connaître toutes les langues afin de m'assurer qu'on ne me trompe point... Si l'on tenait pour vrais tous les miracles que les simples d'esprit disent avoir vus dans tous les pays, chaque secte serait la bonne !

Moi je crois trop en Dieu pour croire à tant de miracles indignes de lui...

Si ces hommes obtenaient que le soleil change sa course ou que les montagnes s'aplanissent, à ces merveilles je reconnaîtrais que le maître de la nature est avec eux, mais ces imposteurs font leurs miracles devant des gens disposés à tout croire... !

Jésus-Christ a promis le ciel aux simples, il ne faut donc pas tant d'esprit pour suivre sa doctrine. Si au contraire votre doctrine ne m'apprend que des choses absurdes, si elle nous peint un dieu jaloux, un dieu de guerre, je ne quitterai pas la religion naturelle pour embrasser celle-là. Je dirai : le dieu qui se choisit un seul peuple et destine à l'enfer les trois quarts du genre humain, n'est pas le père de tous les hommes... Celui qui charge de mystères le culte qu'il me prêche, m'apprend à m'en défier.

Nous raillons ceux qui suivent d'autres religions et eux méprisent la nôtre. Cependant parmi ces étrangers, il y en a beaucoup d'honnêtes, donc, leurs cultes ne sont pas si extravagants qu'on nous le dit.

Les trois principales religions de l'Europe admettent toutes, la révélation ; chacune accuse les deux autres de mensonge... dans leurs trois révélations, les livres sacrés sont écrits en langues inconnues aux peuples qui les suivent : les juifs ne comprennent plus l'hébreu, les chrétiens ne comprennent ni l'hébreu, ni le grec, ni le latin, les turcs et les persans ne comprennent point l'arabe... Ne Voilà-t-il pas une manière simple d'instruire les hommes, de leur parler des langues qu'ils n'entendent point !

Je ne croirai jamais que ce que tous les hommes doivent savoir, soit enfermé dans des livres et que les gens qui ne comprennent pas ces livres soient punis de leur ignorance involontaire. L'homme n'a pas besoin de livres pour connaître ses devoirs... sur les trois quarts de la terre, les individus ne lisent pas...

Nos catholiques disent : L'Eglise décide qu'elle a le droit de décider... ne voilà-t-il pas une autorité bien prouvée !...

La tyrannie que les chrétiens exercent contre les juifs, fait qu'ils n'osent pas défendre leurs croyances, ils savent que la cruauté coûte peu à la charité chrétienne... d'ailleurs les juifs, bons commerçants, sont trop riches pour n'avoir pas tort.

A Constantinople, nous n'osons dire nos raisons, là c'est à notre tour de ramper...

Nos missionnaires ne vont encore ni au Japon, ni en Chine, ni dans le cœur de l'Afrique, prêcher l'évangile... qu'ont fait ces gens-là pour rester ignorants ? Iront-ils en enfer parce qu'on ne leur a pas fait parvenir la parole de Dieu ?

N'y aurait-il qu'un homme au monde à qui l'on

n'aurait jamais prêché l'évangile, que l'objection serait aussi forte que pour le quart du genre humain.

Les peuples éloignés peuvent répondre aux missionnaires : Vous m'annoncez un Dieu né et mort il y a deux mille ans, dans une ville inconnue et vous me dites que si je ne crois pas à cela je serai damné... Est-ce donc un crime d'ignorer ce que votre Dieu a fait aux antipodes ?..

Pourquoi n'êtes-vous pas venu l'apprendre à mon père ? Ce bon vieillard est donc damné par votre paresse..?

Avant de croire ces choses extraordinaires, laissez-moi aller voir ce pays où les vierges accouchent, où les dieux naissent et meurent... Mais pourquoi les habitants de Jérusalem de son temps et ceux d'aujourd'hui, ne le reconnaissent-ils pas comme Dieu, et pourquoi voulez-vous que je le reconnaisse ?

Or, on peut faire les mêmes objections aux révélations des autres religions, il faudrait donc passer sa vie à les étudier pour savoir s'il y en a une qui soit véritable. L'artisan, le laboureur, l'infirme doivent parcourir le monde pour s'éclairer afin de n'être pas damnés. La terre sera couverte de pèlerins, allant à grand frais comparer les cultes épars sur la terre. Voilà à quelle absurdité mène l'intolérance quand chacun veut avoir raison...

Non, c'est absurde, disons plutôt que si le fils d'un chrétien fait bien de suivre la religion de son père, le fils d'un turc ne saurait mal faire en suivant la religion du sien.

Mais Dieu ne peut m'ordonner d'être si savant, sous peine de l'enfer...

Il a ouvert un seul livre à tous les yeux, le livre sublime de la nature, j'y apprends à aimer Dieu et ses œuvres, à vouloir le bien, à remplir mes devoirs sur terre. Les religions ne m'apprendront rien de plus.

Je vous avoue cependant, que l'évangile parle à mon cœur... Ce n'est pas là le ton d'un ambitieux... quelle pureté dans les mœurs, quelle élévation, quelle sagesse ! Où Jésus avait-il pris cette morale si pure ?..

La mort de Socrate au milieu de ses amis, est douce, celle de Jésus expirant injurié de tous, est horrible... et il prie encore pour ses bourreaux !

L'Evangile a des caractères de vérité si grands, si inimitables, que l'inventeur en serait plus étonnant encore que le héros. Mais en même temps on a ajouté à cet Évangile des choses inconcevables qu'un homme ne peut admettre...

— Enfin, mon jeune ami, je suis bien décidé sur mes devoirs, quant aux dogmes qui n'influent pas sur la morale, je ne m'en mets nullement en peine...

Je regarde toutes les religions comme salutaires puisqu'elles prescrivent toutes d'honorer Dieu et d'aimer la morale.

Je prêcherai toujours la vertu aux hommes et non l'intolérance. Je ne leur dirai jamais : hors de l'Eglise point de salut !

Un curé est un ministre de bonté, il n'a jamais de mal à faire ; il partage la pauvreté des braves gens qu'il dessert et leur fait aimer la concorde et l'égalité. Dans mes instructions je m'attache moins à l'esprit de l'église qu'à l'esprit de l'Evangile, où la morale est sublime, où l'on voit peu de pratiques religieuses et beaucoup d'œuvres de charité. Quand j'ai des protestants dans mon voisinage je ne les distingue point de mes paroissiens et je les porte tous à s'aimer en frères...

Cependant, il est des temps où, quand tout est

ébranlé, et toutes les consciences agitées, c'est qu'elles ont besoin d'être rétablies sur la base des vérités éternelles.

Mon jeune ami, reprenez la religion de vos pères elle est simple, c'est celle dont la morale est la plus pure... Et croyez qu'il n'y a d'essentiel, que les devoirs de la morale.

Fuyez les athées qui ne croient à rien, leur désolante doctrine ôte aux affligés la consolation de croire à une meilleure vie... L'athéisme concentre tout dans le *moi* égoïste et sape ainsi les fondements de toute société...

L'athéisme ne fait pas verser de sang humain, mais c'est par indifférence pour les autres... peu leur importe comme tout aille... or, l'indifférence philosophique est plus destructive que la guerre même. Que de bonnes œuvres sont l'ouvrage de l'Evangile... Il en est de même du Jubilé chez les Juifs, que de misères il prévient !

Mais la dévotion aveugle, mène au fanatisme !...

Osez donc confesser Dieu chez les philosophes et prêchez l'humanité chez les fanatiques... dites toujours aux hommes la vérité, faites ce qui est bien, peu importe qu'ils vous aiment ou vous haïssent.

L'intérêt particulier nous trompe, seul l'espoir du juste ne nous trompe point.

Voilà comment me parla le bon vicaire Savoyard, qui me sauva moralement !

———————

Pour mon élève, la raison ne me mène qu'à la religion naturelle, c'est à quoi je borne Emile... s'il veut en avoir une autre, il la choisira plus tard lui-même.

———————

Tandis que la nature forme l'homme physique, notre devoir est de former l'homme moral, mais le tempérament précède toujours la raison. C'est à retenir le tempérament et à exciter la raison que nous avons jusqu'ici donné nos soins.

Mon élève trouve maintenant son intérêt à être bon, à faire le bien, à aimer l'ordre, car il sait qu'il en sera récompensé plus tard...

Sortez de là, il n'y a qu'incrédulité et hypocrisie parmi les hommes ; l'intérêt particulier est devenu tout puissant dans la pensée de l'incrédule qui raisonne...,

— Lecteur vous vous figurez mon élève étourdi, errant de fête en fête, comme vos jeunes gens et vous rirez de me voir faire un contemplatif d'un jeune homme de son âge... Moi je trouve que vos élèves et le mien n'ont rien de commun... Emile a passé son enfance dans la liberté que vous laissez à vos élèves dans leur jeunesse, et maintenant mon élève prend la règle à laquelle vos élèves ont été soumis étant enfants.... En sortant de l'enfance vos élèves secouent tous les jougs. Emile au contraire s'honore de s'assujettir à sa raison naissante, son corps a moins besoin de mouvement et son esprit à son tour prend l'essor...

Ainsi l'âge de raison est pour les vôtres l'âge de la licence, pour le mien, c'est l'âge du raisonnement... Emile en cela est mieux dans l'ordre de la nature. Emile a été élevé en liberté comme les petits paysans, la différence entre eux c'est qu'en jouant il a appris à penser... Au contraire, excédés de vos fades leçons, de vos éternels catéchismes, vos élèves n'ont conçu que dégoût de tout cela.

Changez de ton avec lui quand vous pressentez que le moment critique de la nature va arriver... Ce n'est plus votre élève, c'est votre ami, c'est un homme !

traitez-le comme tel. Ne renoncez pas à vos droits au moment qu'il sait le moins se conduire, c'est à présent qu'ils commencent... La raison, l'amitié le dominent, ne le laissez point corrompre, il sera toujours docile...

Ah! si, heurtant ses désirs naissants vous les traitez de crimes, vous ne serez pas longtemps écouté! Ne quittez pas ma méthode : Vous êtes le ministre de la nature, n'en soyez jamais l'ennemi.

Pour résoudre cette difficulté, on pourrait le marier vite, mais je doute que ce soit le plus utile... J'estime que par mes moyens, on peut étendre jusqu'à vingt ans, la pureté des sens.

Mais je suppose qu'Emile entouré de périls va m'échapper, alors je n'ai plus qu'à lui montrer les périls dont il est environné. Jusqu'ici je l'ai arrêté par son ignorance, c'est maintenant par ses lumières qu'il faut l'arrêter.

Voici l'instant de lui déclarer tout ce que j'ai fait pour lui jusqu'ici et ce que nous nous devons l'un à l'autre. Je lui apprendrai quel chemin il lui reste à faire dans le progrès de ses facultés, les moyens de les franchir, enfin, je lui parlerai des nouveaux périls qui l'environnent et les raisons qui l'engagent à veiller sur lui-même.

Ne balancez pas en ce moment à l'instruire des dangereux mystères que vous lui avez caché avec soin... il importe qu'il les apprenne de vous seul, forcé de combattre il doit connaître son ennemi.

Si votre élève ne craint pas vos réprimandes, il vous dira tout, mais s'il devient réservé avec vous, c'est que déjà la notion du mal se joint à la honte.

La lecture, la solitude, l'oisiveté, le commerce des femmes et des jeunes gens, voilà les dangers de son âge...

Donnez le change à ses sens en exerçant son corps à de rudes travaux...

Je n'aime pas la chasse et je ne voudrais pas que la jeunesse d'Emile se passe à tuer des bêtes, mais en ce moment la chose sert à suspendre une passion plus dangereuse... un violent exercice étouffe les sentiments tendres.

L'instruction dont je parle, doit influer sur la vie entière d'Emile. Une des erreurs de notre âge est d'employer la raison trop nue, cependant on parle au cœur mieux avec les yeux qu'avec les oreilles ; la raison seule excite rarement, toujours raisonner est la manie des petits esprits, les âmes fortes ont un langage plus expressif. Les anciens agissaient par persuasion plutôt que par force et par intérêt... toutes les conventions se passaient avec solennité, afin de les rendre inviolables : le puits du serment, le chêne de Membrée voilà les monuments sur lesquels on jurait et nul n'eût osé attenter à ces serments faits devant ces témoins muets...

Dans le gouvernement : un trône, une couronne, choses sacrées, en imposaient au peuple, l'homme qui les portait devenait vénérable à leurs yeux... maintenant qu'on a aboli ces signes, la majesté royale est sans prestige, les rois ne sont plus obéis qu'à force de troupes... à la longue cet échange tournera contre eux.

Le clergé Romain a habilement gardé ces anciennes marques de dignité : le Pape orné de sa tiare, est encore très vénéré. Chez les anciens Romains tout était cérémonie pour impressionner les citoyens...

A la mort de César, Antoine ne dit pas un mot... mais il fait apporter le corps !

Ne raisonnez donc jamais sèchement avec la

jeunesse, sachez que quand vous vous attendrirez il sera ému.

Montrez-lui ce que vous avez fait pour lui, par affection, enflammez son cœur aux sentiments d'amitié, de reconnaissance. Serrez-le sur votre cœur en lui disant : Mon enfant, tu es mon ouvrage, si tu trompes mes espérances, tu fais le malheur de mes vieux jours !

Puis exposez-lui les maux physiques et moraux qui tombent sur les coupables... En lui parlant du mystère de la génération, joignez-y l'idée d'attachement, de fidélité, de pudeur, qui l'environne. En lui peignant le mariage comme le plus saint des contrats, donnez-lui les raisons qui rendent ce nœud respectable à tous les hommes ; montrez-lui qu'à la chasteté tiennent la santé, l'amour et tous les vrais biens.

Je ne doute pas qu'après cela votre élève ne vous dise : O mon ami, protégez-moi contre mes passions!..

En somme on ne peut faire un crime à un jeune homme de penser à l'amour, car l'amour n'est pas fait pour les vieillards... mais je veux le dégoûter du libertinage tandis que je lui peindrai l'amour comme le suprême bonheur de la vie... en le rendant amoureux.. !

———————————

Emile est un membre de la société, il doit en remplir les devoirs. Il est temps qu'il connaisse le monde et ses usages. A vingt ans, bien conduit, il sera bientôt aussi aimable que celui qu'on y aura nourri dès l'enfance... cependant il ne faut pas trop attendre, car il pourrait porter dans le monde des manières lourdes.

Mon expédient de le rendre amoureux, pourvoit à tout : Ton cœur, dis-je à Emile, a besoin d'une compagne, cherchons-là... avec ce projet flatteur, je

l'introduis dans le monde... je le rends d'avance pas-
sionné sans savoir de qui, mais l'amour n'est-il pas
que chimère et illusion ! Si on voyait ce qu'on aime
tel qu'il est, il n'y aurait plus d'amour sur la terre.

Je ne peindrai pas à Emile un modèle de femme
introuvable, mais je choisirai si bien les défauts de sa
maîtresse qu'ils lui plairont.

Quel avantage que cette recherche d'une fiancée
pour l'arracher aux donneuses d'éducation qui la font
payer si cher !

Un jeune provincial élevé sagement chez son
père, six mois après son arrivée à Paris, a pris dans
le monde une éducation opposée à la première, il méprise maintenant tout ce qu'il estimait autrefois, honteux de ce qu'il pensait chez son père ; il raille
maintenant les bonnes mœurs. C'est donc surtout de
la vanité qu'il faut prévenir un jeune homme entrant
dans le monde...

Emile a horreur de l'adultère et de la débauche,
il cherche une fiancée !

Quand aux mauvaises leçons des camarades, je
lui dis : Moi je vous aime, et je ne veux que votre
intérêt, ces jeunes gens ne s'intéressent pas à vous, ils
ne veulent que s'amuser... tel d'entre-eux tourne les
femmes honnêtes en dérision qui serait désespéré que
sa femme pensât comme lui... Aucun d'eux ne croit
ce qu'il dit !

Le plus dangereux ennemi d'un jeune homme,
c'est lui-même, veillez à ce qu'il ne se mette au lit
qu'accablé de sommeil, il serait fâcheux que l'instinct lui apprit à donner le change à ses sens... cette
habitude énerve, c'est la plus à craindre de toutes ;
on arracherait plus vite Emile à une femme qu'à lui-
même, mieux vaut une faute qu'un vice...

Les hommes n'ont plus que de petites âmes,

parce que leurs corps ont été corrompus de bonne heure...

Le début d'Emile dans le monde sera sans éclat. En général, Emile plaît, il n'est ni disputeur, ni flatteur. Il est trop instruit pour être babillard, Emile se conforme volontiers aux manières des autres de peur qu'on ne s'occupe trop de lui, ainsi il n'en est que plus libre.

Les hommes qui ont des mœurs sont les vrais adorateurs de la femme, Emile sera quelquefois timide près d'elle mais son embarras ne leur déplaîra pas...

Emile aura quelque recherche dans sa parure, pour se rendre agréable aux autres, mais jamais l'enseigne de la richesse ne souillera son ajustement.

Emile voudra bien faire tout ce qu'il fait, aux jeux d'adresse, il fera son possible pour être le plus adroit, mais il ne cherchera pas à se parer d'une grande naissance ou à passer pour très riche.

Le Goût

Il y a peu de gens de goût, dans les choses physiques, le goût semble inexplicable ; par exemple, qui dira pourquoi tel chant est de bon goût et non tel autre ?

Le goût a aussi des règles locales, dépendant des climats, des gouvernements, il tient aussi à l'âge, au sexe.... C'est pourquoi il ne faut pas discuter des goûts. Dans certains cas, la mode étouffe le goût... quelques personnes qui font la mode, décident du goût. Le beau n'est plus alors, que ce qui plaît à ceux qui nous guident, ceux-là sont : les artistes, les grands, les riches. C'est par là que le grand luxe s'établit et on n'aime plus que ce qui est coûteux et le prétendu beau n'est beau, que quand il contrarie la nature.

Voilà comment le grand luxe et le mauvais goût sont inséparables.

Le goût qu'on a, dépend de la sensibilité et des sociétés où l'on a vécu.

Les vrais modèles du goût sont dans la nature..., partout où le goût est dispendieux, il est faux.

C'est surtout dans le commerce des deux sexes que le goût prend sa forme. Consultez le goût des femmes dans les choses des sens et celui des hommes dans les choses morales de l'entendement... Quand les femmes se borneront aux choses de leur compétence elles jugeront bien, mais depuis qu'elles sont arbitres de la littérature les auteurs qui les consultent sont mal conseillés...

Je ne laisserai pas longtemps Emile avec des gens de mauvais goût, de peur qu'il ne finisse par penser comme eux.

Voici le temps des lectures agréables... Il y a une simplicité de goût qui ne se trouve que dans les écrits des anciens... après avoir fait parcourir à Emile les anciens auteurs, je lui montre les égoûts de la littérature moderne... je lui fais entendre, pour le réjouir, le bavardage des Académies, je lui fais remarquer que chacun de ceux qui les composent vaut toujours mieux seul, qu'avec le corps tout entier... là dessus il tirera la conséquence de l'utilité de ces établissements.

Je le mène aux spectacles étudier le goût, mais le spectacle n'est pas une école de morale, il n'est fait que pour amuser les hommes.

S'il a du goût pour la poésie il étudiera : le grec, le latin, l'italien. Au reste peu m'importe, il n'en vaudra pas moins s'il ne sait rien de tout cela et ce n'est pas de ces badinages qu'il s'agit dans son édu-cation.

Je veux qu'il aime le beau en tout genre et qu'il ne cherche jamais dans la richesse, les moyens d'être heureux. Je laisse un moment Emile pour chercher en moi-même quels sont mes goûts.

Les goûts de J.-J. Rousseau

Je pense avec effroi que si j'avais le malheur de remplir certains emplois que je connais, demain je serais tyran, destructeur de peuple, etc., de même si je devenais riche j'aurais fait tout ce qu'il faut pour le devenir... Je serais égoïste, insolent; spectateur dédaigneux des misères de la canaille, car je donnerais ce nom aux indigents pour faire oublier que je fus de leur classe.

Jusque-là, je serais comme tous les autres; mais en quoi j'en différerais, c'est que je serais sensuel plutôt qu'orgueilleux, je me livrerais à la mollesse plus qu'au luxe d'ostentation, car j'aurais honte d'é-craser les autres de mon faste.

Dans cette profusion de biens qui couvrent la terre, si j'étais riche je chercherais ce qui m'est le plus agréable, c'est-à-dire : la liberté, le loisir et la santé... mais comme la santé ne s'achète qu'avec la tempérance et qu'il n'y a pas de plaisir sans la santé, je serais tempérant par sensualité...

Ma sotte gourmandise n'enrichirait pas un maître d'hôtel; ma table ne serait point couverte de magnifi-ques charognes lointaines... si je voulais goûter un mets du bout du monde, j'irais plutôt l'y chercher que de l'en faire venir.

Si j'étais riche, je voudrais dans le service de ma

table et dans la parure de mon logement, imiter par
des ornements simples la variété des saisons et tirer
de chacunes toutes ses délices. Il ne faut pas troubler
l'ordre de la nature, ni lui arracher des productions
qu'elle donne à regret et qui n'ont ni qualité ni sa-
veur.

Rien n'est plus insipide que les primeurs, les riches de Paris avec leurs serres chaudes, n'ont sur
leurs tables toute l'année, que de mauvais légumes et
de mauvais fruits. Les cerises et les melons quand il
gèle ne plairaient pas à mon palais quand il n'a pas
besoin d'être rafraîchi ; de même que le lourd marron
dans la canicule, ne me serait pas agréable.

Couvrir en hiver sa cheminée de fleurs pâles et
sans odeur, c'est déparer le printemps, c'est s'ôter le
plaisir d'aller dans les bois chercher la première vio-
lette, épier le premier bourgeon et s'écrier dans un
saisissement de joie : mortels, vous n'êtes pas aban-
donnés du créateur, la nature vit encore !..

Si j'étais riche, pour être bien servi j'aurais peu
de domestiques. Un bourgeois tire plus de vrai service de son seul laquais, qu'un duc des dix messieurs
qui l'entourent. Ayant à table mon verre près de moi,
je bois quand il me plaît, au lieu que si j'avais un
grand couvert, il faudrait que plusieurs voix répétas-
sent après moi : « à boire... » avant que je pusse
étancher ma soif.. ; tout ce qui se fait par autrui, se
fait mal.

Si j'étais riche je n'enverrais pas chez les marchands, j'irais moi-même pour choisir plus sûrement
et payer moins cher... j'irais aussi pour faire un exercice agréable, car l'ennui commence par la vie trop
sédentaire.

Ce sont de mauvais interprêtes qu'un portier et
des laquais, je ne voudrais pas avoir toujours ces

gens-là entre moi et le reste du monde. Ni marcher toujours avec le fracas d'un carrosse ; les chevaux d'un homme qui se sert de ses jambes, sont toujours prêts ; en voiture, mille embarras font sécher d'impatience... Enfin, nul ne nous sert si bien que nous-mêmes.

Si j'étais riche je ne voudrais point avoir un palais pour demeure, car dans ce palais je n'habiterais qu'une chambre et la chambre de chacun de mes gens me serait aussi étrangère que celle de mon voisin.

Les Orientaux bien que très voluptueux, sont tous meublés simplement ; ils regardent la vie comme un voyage et leur maison comme un cabaret... tandis que nous autres, quand nous sommes riches, nous nous arrangeons pour vivre toujours...!

Il me semblerait que m'établir avec tant d'appareil dans un lieu, ce serait me bannir de tous les autres et m'emprisonner dans mon palais... C'est un plus beau palais que le monde entier..; tout est au riche quand il veut en jouir... ses lares sont partout où peut passer son coffre-fort.

Pourquoi se circonscrire par des murs et des portes, comme pour n'en sortir jamais ?.. Une épidémie, une révolte me chasse-t-elle d'un lieu, je vais dans un autre et j'y trouve mon hôtel arrivé avant moi. Pourquoi prendrais-je le soin de m'en faire un à moi-même, tandis qu'on m'en bâtit par tout l'univers.. !

D'ailleurs, que me servirait un logement si vaste, ayant si peu de quoi le remplir ?.. Car mes meubles seraient simples comme mes goûts ; je n'aurais ni galerie, ni bibliothèque, si j'aimais la lecture et que je me connusse en tableaux, car je saurais que ce qui leur manque, donne plus de regret que de n'avoir

rien... et il ne peut y avoir de collections complètes...
tous les collectionneurs ont éprouvé ce chagrin.

Si j'étais riche je jouerais petit jeu, le goût du
jeu fruit de l'ennui, ne prend que dans un esprit ou
un cœur vide ; on voit rarement les penseurs se plaire
au jeu.

Si j'étais riche, je voudrais dans ma vie privée
que ma fortune mit partout de l'aisance et ne fit jamais sentir d'inégalité.

Le clinquant de la parure est incommode, je serais mis de manière que dans tous les rangs je pa-
russe à ma place et qu'on ne me distinguât dans
aucun, cela pour garder ma liberté ; que, sans changement sur ma personne je fusse peuple à la guinguette
et bonne compagnie au palais royal, par là, je met-
trais à ma portée les plaisirs de tous les états.

Il y a des femmes qui ne reçoivent chez elles que
les manchettes de dentelles... si ces femmes étaient
jolies je prendrais donc de la dentelle pour y passer
une nuit tout au plus.

Le seul lien de mes sociétés serait l'attachement
mutuel, la conformité des goûts et des caractères ;
mais je m'y livrerais comme homme et non comme
riche, car je ne souffrirais jamais que le charme de
mes attachements fut empoisonné par l'intérêt. J'é-
tendrais au loin mes bienfaits, mais je voudrais
autour de moi une société et non une cour ; des amis
et non des protégés, l'indépendance et l'égalité lais-
seraient à mes liaisons toute leur bienveillance : où
l'intérêt n'entre pas, le plaisir et l'amitié font seuls la
loi.

On n'achète ni son ami, ni sa maîtresse. Il
est aisé d'avoir des femmes avec de l'argent, mais
l'argent tue l'amour, quiconque paye fut-il le plus aimable des hommes ne peut être longtemps aimé ;

bientôt il payera pour un autre et dans ce double lien formé par l'intérêt et la débauche, la femme infidèle et avide, traitée par l'homme vil qui reçoit comme elle traite le sot qui donne, reste quitte envers les deux.

La possession qui n'est pas réciproque n'est rien, c'est la possession du sexe et non de l'individu. Or, où le moral de l'amour n'est pas, pourquoi faire une si grande affaire du reste ?.. Un muletier est là-dessus plus près du bonheur qu'un millionnaire.

Oh ! pourquoi cette barbare avidité de corrompre l'innocence ! de faire une victime d'une enfant qu'on eût dû protéger et que ce premier pas entraîne dans un gouffre de misère, dont elle ne sortira qu'à la mort !... C'est chez l'homme : brutalité, vanité, sottise et rien davantage. Ce plaisir vil n'est pas de la nature... Les plus avides de ces ragoûts imaginaires ne sont jamais des jeunes gens aimables ; mais un vieux satyre, sans agrément, croit suppléer à tout, chez une innocente, en lui donnant la première émotion des sens : Eh ! bien il se trompe... toute fille qui se vend, s'est déjà donnée à son choix, elle a donc fait la comparaison qu'il craint et il est abhorré.

Pour moi si j'étais riche et qu'il ne me restât ni mœurs, ni vertu, je n'irais pas épuiser ma bourse et ma vie à me faire trahir et me moquer de moi par des enfants.

Si j'étais jeune, je chercherais les plaisirs de la jeunesse et les voulant voluptueux je ne les chercherais pas en homme riche. Si j'étais vieux et riche, j'étoufferais les goûts qui ne feraient plus que mon supplice, je n'offrirais point ma barbe grise aux dédains railleurs des jeunes filles, je ne supporterais point de voir mes caresses leur soulever le cœur et leur préparer à mes dépens les récits les plus ridicules sur les vilains plaisirs du vieux singe, pour se venger de les avoir endurés.

Que si des habitudes mal combattues avaient tourné mes anciens désirs en besoins, alors je m'assortirais le mieux possible et je ne prendrais qu'un témoin de ma faiblesse. La vie a d'autres plaisirs quand ceux-là lui manquent. Changeons de goûts avec les années, ne luttons jamais contre la nature, car elle se vengerait.

Le peuple ne s'ennuie guère, parce que sa vie est active; beaucoup de jours de fatigue lui font goûter avec délices, quelques jours de fêtes.

Le grand fléau des riches est l'ennui, qui les ronge au sein de tant d'amusements rassemblés à grands frais. Les femmes surtout qui ne savent plus s'occuper, en sont dévorées sous le nom de vapeurs, mal horrible qui leur ôte quelquefois la raison. Je ne connais pas de sort plus affreux que celui d'une jolie femme de Paris, après celui du petit agréable qui s'attache à elle, qui vit lui-même oisif et à qui la vanité d'être homme à bonnes fortunes, fait supporter la longueur des plus tristes jours qu'ait jamais passés une créature humaine... Ils veulent avoir l'air de prendre du plaisir et ils s'ennuient... et ils craignent par-dessus tout le ridicule.

Moi, je vivrais chaque jour pour moi-même; sans m'occuper de l'opinion des autres. Je serais peuple avec le peuple, campagnard aux champs et quand je parlerais agriculture, je voudrais que le paysan ne se moquât pas de moi.

Si j'étais riche je n'irais pas me bâtir les tuileries à la campagne, mais sur le penchant d'une colline ombragée, j'aurais une petite maison rustique, blanche avec des contrevents verts et je préférerais à la triste ardoise, la tuile, parce qu'elle est plus gaie.

J'aurais pour cour une basse-cour et pour écurie une étable avec des vaches, pour avoir du laitage que j'aime beaucoup... J'aurais un potager pour jardin et pour parc un joli verger... Les fruits à la discrétion des promeneurs ni seraient pas comptés, ni cueillis par mon jardinier et mon avarice n'étalerait pas aux yeux de mes amis des espaliers auxquels on n'oserait toucher... Je choisirais mon asile dans une province où règne l'abondance et où l'on vit avec peu d'argent.

Là, je rassemblerais une société plus choisie que nombreuse, d'amis aimant le plaisir, de femmes qui pussent sortir de leur fauteuil et prissent volontiers le râteau des fanneuses et le panier des vendangeurs. Là, tous les airs de la ville seraient oubliés, et devenus villageois au village, la vie active nous ferait un nouvel estomac... tous nos repas seraient des festins où l'abondance plairaît plus que la délicatesse. La gaîté, les travaux rustiques, sont les premiers cuisiniers du monde et les ragoûts fins paraissent ridicules à des gens en haleine depuis le lever du soleil.

Le service n'aurait pas plus d'ordre que d'élégance; la salle à manger serait partout : dans le jardin, dans un bateau, près d'une source, sur l'herbe; une procession de gais convives porterait en chantant les apprêts du festin, on aurait le gazon pour table et le dessert pendrait aux arbres; l'appétit dispenserait des façons; d'une familiarité cordiale, naîtrait un conflit badin, fait pour lier les cœurs.

Point d'importun laquais épiant nos discours, critiquant nos maintiens, comptant nos morceaux et murmurant d'un trop long dîner... nous serions nos valets pour être nos maîtres; chacun serait servi par tous; s'il passait près de nous quelque paysan retournant au travail, je lui réjouirais le cœur par quelques coups de bon vin et par quelques bonnes paroles qui lui feraient oublier sa misère et moi je me dirais en secret : C'est bien... tu es encore un homme !

Si quelque fête champêtre rassemblait les habitants du lieu, j'y serais avec ma troupe, et j'y trouverais des biens inestimables : la franchise et le vrai plaisir. Je souperais gaîment avec ces braves gens, j'y ferais chorus au refrain d'une chanson rustique et je danserais dans la grange, de meilleur cœur qu'au bal de l'Opéra.

— Mais la chasse, me dira-t-on ? — J'entends, puisque je me suppose riche, il me faut des plaisirs exclusifs et destructifs... je ne rêvais qu'une métairie, mais il me faut des terres, des bois, des gardes, des honneurs, de l'encens..!

Mais cette terre aura des voisins jaloux, mes gardes se chamailleront, voilà des querelles, des procès..! mes vassaux verront avec déplaisir mes sangliers labourer leurs blés... après avoir passé la journée à cultiver leurs terres il faudra qu'ils passent la nuit à les garder... Je me reprocherai malgré moi la misère de ces pauvres gens... L'abondance du gibier m'aménera des braconniers à punir, on les mettra en prison, les femmes de ces malheureux m'importuneront de leurs plaintes... je serai forcé de les faire chasser... Je ne verrai donc autour de moi que misère et n'entendrai que gémissements !

Mais alors je ne serai ni heureux, ni tranquille, tout cela troublera le plaisir que je pourrais prendre à massacrer perdrix et lièvres..! Je ne ferai donc point tout ce que je viens de dire.

Mais si j'aime la chasse, j'établirai mon séjour dans un pays où la chasse soit libre... Seul avec mon chien, je reviendrai le soir fatigué, mais plus content que vos chasseurs de ruelle qui, suivis de vingt fusils chargés, tirent autour d'eux sans gloire et sans exercice. Le plaisir est plus grand quand on n'a ni terre à garder, ni braconnier à punir... les malédictions des gens du peuple rendent le gibier amer.

Donc, les plaisirs exclusifs sont la mort du plaisir. Les vrais amusements sont ceux qu'on partage avec le peuple, ceux qu'on veut à soi seul, on ne les a plus.

En faisant entourer mon parc de murs, je l'ai rendu triste et je n'ai fait à grands frais que m'ôter le plaisir de la promenade, me voilà forcé de l'aller chercher au loin. Un riche ne se trouve bien qu'où il n'est pas.

Pour moi, plus riche du bien des autres que du mien, je m'empare de tout ce qui me convient dans mon voisinage, de tous les terrains ouverts qui me plaisent; je fais de l'un mon parc, de l'autre ma terrasse, et l'on ne me persuadera pas que le titulaire du fonds tire meilleur parti que moi de sa propriété... que si l'on me vexe par des fossés, des haies... je prends mon parc sur mes épaules et je vais le poser ailleurs... j'aurai longtemps à piller mes voisins avant de manquer d'asile.

Voilà quelque essai de vrai goût, dans le choix des loisirs agréables, tout le reste n'est qu'illusion et sotte vanité... quiconque s'écartera de ces règles, quelque riche qu'il soit, ne connaîtra jamais les vrais plaisirs, ni le prix de la vie.

Mais me dira le lecteur : « *On n'a pas besoin d'être riche, pour goûter ces amusements, ils sont à la portée de tous..! »*

— *C'est en quoi j'en voulais venir !!*

On a du plaisir quand on en veut avoir. L'homme de goût voluptueux n'a que faire de richesse, il lui suffit d'être libre et maître de lui. Quiconque jouit de la santé et possède le nécessaire, s'il arrache de son cœur les liens de l'opinion, est assez riche.

Gens à coffre-fort, cherchez quelqu'autre emploi de votre opulence, car pour le plaisir elle n'est bonne à rien.

———————

Mais nous cherchons toujours Sophie, notre maîtresse, il importait du reste qu'elle ne se trouvât pas si vite. Il est temps de faire sa connaissance... Adieu donc Paris ville célèbre, ville de fumée et de boue, où tant de femmes ne croient plus à l'honneur, où tant d'hommes ne croient plus à la vertu... Nous cherchons l'amour vrai, l'innocence... nous ne serons jamais assez loin de toi !

Il n'est pas bon que l'homme soit seul, sachons d'abord, avant de la voir, ce qu'est la compagne que nous destinons à Emile.

———————

LIVRE V.

Sophie ou la femme

C'est une merveille de la nature d'avoir fait deux êtres si semblables que l'homme et la femme, en les constituant si différemment, chacun d'eux allant aux fins de la nature.

Une femme parfaite et un homme parfait ne doivent se ressembler ni d'esprit ni de visage. L'homme doit être actif et fort, la femme doit être passive et faible.

L'homme plaît à la femme parce qu'il est fort, la femme étant faite pour plaire et être subjuguée, la nature veut qu'elle se rende agréable à l'homme ; sa force est dans ses charmes. Les femmes ont l'art d'animer la force de l'homme, en lui résistant... Le plus fort n'est donc le maître qu'en apparence, mais en réalité il dépend du plus faible par la loi de la nature, rien ne peut ôter cet empire aux femmes! Tout rappelle sans cesse la femme à son sexe... ménagements pendant ses grossesses et l'allaitement; elle sert de lien entre ses enfants et leur père, elle seule les lui fait aimer.

Les devoirs des deux sexes ne peuvent être les mêmes, sans doute tout mari infidèle qui prive sa femme du prix des devoirs de son sexe, est injuste et barbare... mais la femme infidèle fait plus : elle dissout la famille; s'il est un état affreux, c'est celui d'un malheureux père qui doute en embrassant son enfant s'il n'embrasse pas celui d'un autre !... En ce cas, la famillle n'est plus qu'une société d'ennemis secrets qu'une femme coupable a armé les uns contre les autres.

Il importe donc que la femme soit fidèle et jugée telle par tous et qu'elle ait un maintien irréprochable.

L'état de la femme est d'être mère... Il y a des pays où les femmes accouchent sans peine, mais dans ces pays-là, les hommes terrassent des bêtes féroces... Quand les femmes sont robustes, les hommes le deviennent encore plus... Pluton dans sa république ayant ôté de son gouvernement les familles particulières et ne sachant plus que faire des femmes, en fit des hommes. Ce beau génie a mal résolu ceci... Je suis contre cette promiscuité qui confond partout les deux sexes dans les mêmes emplois et ne peut qu'engendrer des abus : C'est par la petite patrie qu'est la famille, que le cœur s'attache à la grande. C'est le bon fils, le bon mari, le bon père, qui font le bon citoyen.

L'homme et la femme n'ayant ni le même caractère, ni le même tempéramment, il s'ensuit qu'ils ne doivent pas avoir la même éducation ; ils doivent agir de concert, mais ils ne doivent pas faire les mêmes choses ; la fin de leurs travaux est commune, mais les travaux sont différents.

Après avoir tâché de former l'homme naturel, voyons comment doit être la femme qui convient à cet homme.

Vous dites sans cesse : « Les femmes ont tels défauts que nous n'avons pas.. « Votre orgueil vous trompe, ce qui est défaut pour vous est qualité pour elle.

De leur côté les femmes crient que nous les éle-levons pour être vaines et coquettes, afin de rester les maîtres... quelle folie ! Qui empêche les mères d'élever et d'instruire leurs filles comme il leur plaît?., Elles n'ont point de collèges... et plût à Dieu qu'il n'y en eût point pour les garçons, ils seraient plus sensément élevés...

Sont-ce les hommes qui forcent vos filles à pas-ser la moitié de leur vie à leur toilette, à votre exemple ?.. Est-ce notre faute si leurs minauderies nous séduisent, si l'art qu'elles apprenent de vous, nous attire ?.. Eh ! élevez-les comme les hommes, plus elles leur ressembleront, moins elles les gouver-neront.

Partout où la femme fait valoir ses droits elle a l'avantage ; partout où elle usurpe les nôtres, elle reste au-dessous de nous, voilà la vérité, on ne peut y répondre que par des exceptions. Cultiver dans les femmes les qualités de l'homme, leur est préjudicia-ble, les rusées le voient bien... aussi en usurpant nos avantages, elles n'abandonnent pas les leurs, mais ne pouvant ménager les uns et les autres parce qu'ils sont incompatibles elles perdent la moitié de leur prix.

Croyez-moi, mère judicieuse, ne faites pas de

votre fille un honnête homme, mais une honnête femme, elle en vaudra mieux.

S'en suit-il que la femme doit rester ignorante et bornée aux fonctions du ménage ? L'homme fera-t-il sa servante de sa compagne ? Pour l'asservir, l'empêchera-t-il de rien connaître ?...

Non, non, ainsi ne l'a pas dit la nature, qui donne aux femmes un esprit si agréable et si délié ; au contraire, la nature veut que les femmes pensent, jugent, cultivent leur esprit, comme leur figure ; ce sont les armes qu'elle leur donne pour diriger notre force... Mais elles ne doivent apprendre que les choses qu'il leur convient de savoir. La destination de la femme, ses devoirs, indiquent l'éducation qui lui convient.

La dépendance des deux sexes n'est pas égale : les hommes dépendent des femmes par leurs désirs, les femmes dépendent des hommes par leurs désirs et leurs besoins. Pour qu'elles aient le nécessaire, il faut que nous le leur donnions et que nous les en estimions dignes.

. Les femmes doivent être estimées, leur honneur est dans leur réputation, tandis que l'homme peut braver le jugement public.

Le système d'éducation de la femme doit donc être à cet égard, contraire au nôtre : L'homme doit dédaigner l'opinion des hommes, mais la femme doit s'y soumettre.

Du soin des femmes dépend la première éducation des hommes, des femmes dépendent les passions des hommes, leurs mœurs, leurs goûts, leur bonheur, aussi toute l'éducation des femmes doit-elle être relative aux hommes : leur plaire, leur être utiles, se faire aimer et honorer des hommes, les élever jeunes, les soigner grands, les conseiller, les consoler, leur rendre la vie agréable... Voilà les devoirs des femmes et ce qu'on doit leur apprendre dès l'enfance.

Mais il y a de la différence entre être élevée pour plaire à l'homme de mérite ou pour plaire à ces petits agréables qui déshonorent le sexe fort : Ils sont efféminés et la nature ne peut porter la femme à aimer dans les hommes ce qui lui ressemble.

Elles-mêmes lorsqu'elles prennent les airs de ces étourdis, elles renoncent à leur vocation. Il faut être folle, pour aimer les fous. La femme qui veut plaire aux vrais hommes, prend des moyens assortis à son dessein.

La femme est coquette, mais sa coquetterie change de forme selon ses vues, réglons ces vues sur celles de la nature et la femme aura l'éducation qui lui convient.

Les petites filles aiment déjà la parure, et on les gouverne en leur parlant de ce qu'on pensera d'elles... Ce motif n'a pas d'empire sur les garçons, pourvu qu'ils soient libres ils se soucient peu de ce qu'on dira...

Cette première leçon donnée aux filles est bonne.

La première culture doit être celle du corps, cet ordre est commun aux deux sexes; mais chez le garçon, elle a pour but de développer les forces et chez la femme, les agréments.

Par la mollesse des femmes commence celle des hommes, les femmes doivent être robustes pour que les hommes le soient. *En cela*, les couvents où les filles jouent en plein air sont à préférer à la maison paternelle où une fille toujours enfermée dans une chambre close, n'ose se lever ni parler et n'a pas un moment pour courir et crier, avec la pétulance de son âge. Voilà comment on ruine le corps de la jeunesse !

L'éducation grecque était bien entendue, en cette partie. Les jeunes filles paraissaient souvent en public, rassemblées entre elles, dans les fêtes, couronnées de fleurs elles chantaient et formaient des danses et présentaient aux grecs un spectacle charmant. Cet usage donnait aux jeunes filles des exercices salutaires et aiguisait leur goût, par le désir de plaire. Mais sitôt que ces jeunes grecques étaient mariées, on ne les voyait plus en public, elles bornaient leurs soins à leur ménage. Telle est la manière de vivre que la raison et la nature prescrit aux jeunes filles... aussi de ces mères naissaient les hommes les mieux faits et les plus sains de la terre.

L'aisance des vêtements qui en Grèce ne gênaient point le corps, contribuait à lui laisser ces belles proportions qu'on voit dans leurs statues et qui servent encore de modèle à notre nature défigurée. Ils n'avaient pas une seule de ces ligatures qui tiennent nos membres en presse. Les femmes grecques ignoraient ces corps de baleine par lesquels nos femmes contrefont leur taille, cet abus fera à la fin dégénérer l'espèce. Puis il n'est point agréable de voir une femme coupée en deux comme une guêpe, cela choque la vue. La finesse de la taille a ses proportions, passé laquelle elle est un défaut. Tout ce qui contraint la nature est de mauvais goût; la santé, la raison, le bien-être, doivent passer avant tout et la grâce ne va pas sans l'aisance.

Les garçons dans leurs amusements recherchent des tambours, des carrosses, les filles aiment les miroirs, les chiffons, les poupées... Elle met sa coquetterie à habiller sa poupée en attendant d'être sa poupée elle-même; voilà son premier goût décidé, apprenez-lui donc à lui faire des nœuds, son fichu, sa dentelle; elle est ravie de tenir l'aiguille; la couture et la broderie s'apprennent ainsi d'elles-mêmes.

Ces progrès s'étendront jusqu'au dessin, mais ne les appliquez pas au paysage et à la figure ; des feuillages, des fruits, des fleurs, des draperies, des patrons de broderie, cela suffit.

S'il importe aux hommes de borner leurs études à des connaissances d'usage, cela importe encore plus aux femmes, parce que la vie de celles-ci ne leur permet de se livrer à aucun talent au préjudice de leurs devoirs.

Quoiqu'en disent les plaisants, le bon sens est des deux sexes. Les filles sont en général plus dociles que les garçons, mais n'exigez rien d'elles dont elles ne voient l'utilité ; l'art des mères est de leur montrer le côté utile de tout ce qu'elles leur prescrivent.

Si je ne veux pas qu'on presse un garçon d'apprendre à lire, à plus forte raison je ne veux pas qu'on y force les petites filles. Elles font plus d'abus que d'usage de cette fatale science et toutes sont trop curieuses pour ne pas l'apprendre sans qu'on les y force.

Peut-être devraient-elles apprendre à chiffrer avant tout, car rien n'est plus long à apprendre que les comptes.

Si la petite n'avait les cerises de son goûter qu'après les avoir comptées, elle saurait bientôt calculer.

Occupez toujours les jeunes filles... l'oisiveté et l'indocilité sont les deux défauts dangereux pour elles. Les filles doivent être vigilantes, laborieuses et... gênées de bonne heure, ce malheur est inséparable de leur sexe. Elles seront toute leur vie asservies à la gêne des bienséances, il faut donc les exercer à la contrainte afin que plus tard elle ne leur coûte rien, et à dompter leurs fantaisies pour les soumettre aux volontés d'autrui.

Apprenez-leur à se vaincre, car dans nos insensés établissements, la vie de l'honnête femme est un combat perpétuel contre elle-même.

Les filles ne s'ennuieront pas si les personnes qui les entourent leur plaisent, une petite fille qui aime sa mère ou sa bonne, travaillera près d'elle sans ennui, mais pour les connaître, il faut les étudier, car elles sont flatteuses et dissimulées.

L'attachement et les soins feront aimer la mère de la fille.

Par la raison qu'elles ont peu de liberté, elles portent à l'excès celle qu'on leur laisse, elles sont extrêmes en tout. Leur emportement doit être modéré, car il est la cause des vices particuliers aux femmes : le caprice et l'engouement; ne souffrez pas qu'un seul instant elles ne connaissent plus de frein.

Il résulte de cette contrainte à laquelle elles s'habituent, une docilité dont les femmes ont besoin puisqu'elles sont toujours assujetties aux hommes.

La plus importante qualité d'une femme est la douceur : faite pour obéir à un être aussi imparfait que l'homme, elle doit apprendre à souffrir l'injustice sans se plaindre; l'aigreur et l'opiniâtreté des femmes ne fait qu'augmenter leurs maux, ce n'est pas avec ces armes-là, quelles doivent vaincre leurs maris, le ciel ne les fit point si persuasives pour devenir acariâtres, il ne leur donna point une voix si douce, pour dire des injures.

Elles ont souvent raison de se plaindre, mais elles ont toujours tort de gronder.

Un mari trop doux peut rendre une femme impertinente, mais à moins d'être un monstre, la douceur d'une femme désarme toujours son mari...

Mais pour rendre docile une petite fille, il ne faut pas la rendre malheureuse et pour la rendre

modeste, il ne faut pas l'abrutir, au contraire laissez-
lui mettre de l'adresse à se faire exempter d'obéir ; la
ruse est un talent naturel à la femme on doit cultiver
ce penchant comme les autres, tout en prévenant ses
abus.

Examinez les petites filles, comme elles sont bien
plus fines et rusées que les petits garçons de leur âge !

Cette adresse de la femme est un dédommagement
de la force qu'elle a de moins que l'homme ; sans la
ruse, la femme serait l'esclave de l'homme ; c'est par
ce talent qu'elle se maintient son égale et qu'elle le
gouverne. La femme a tout contre elle, nos défauts et
sa faiblesse, elle n'a pour elle que son art et sa beauté...
il est juste qu'elle cultive l'un et l'autre.

Mais la beauté n'est pas générale et elle passe
avec les années... L'esprit seul est la véritable ressource
de la femme, non ce sot esprit tant prisé dans le
monde, mais l'esprit de son état et l'art de tirer parti
du nôtre.

Cette adresse des femmes nous est fort utile à
nous-mêmes, elle ajoute du charme à la société des
deux sexes, elle réprime la pétulance des enfants et
contient les maris brutaux... Les femmes artificieuses
abusent de cette adresse je le sais, mais qu'importe.

On peut briller par la parure, mais on ne plaît que
par la personne. L'éducation des jeunes filles est en
ce point à contre-sens : on leur dit qu'elles sont
belles quand elles ont des ajustements recherchés, au
contraire on devrait leur faire entendre que les beaux
ajustements ne sont faits que pour cacher des défauts.
Moi, je ne louerai la beauté d'une jeune fille que
quand je la verrai simplement mise.

Il y a des figures qui ont besoin de parure, mais il
n'y en a point qui exigent de riches vêtements. La
véritable coquetterie est quelquefois recherchée mais

jamais fastueuse, donnez à une jeune fille qui ait du goût, des rubans, de la gaze, des fleurs elle se fera un ajustement charmant.

L'abus de la toilette vient plus souvent de l'ennui que de la vanité, une femme qui passe 6 heures à sa toilette, n'est pas mieux mise que celle qui y passe une demi-heure. mais c'est autant de pris pour elle sur l'assommante longueur du temps.

Faites que les femmes aient de la modestie, donnez-leur une éducation de femme, faites qu'elles aiment les soins de leur ménage, alors la grande toilette tombera d'elle-même.

En grandissant, les jeunes personnes s'aperçoivent qu'il leur faut des agréments pour plaire. Une petite fille cherche déjà à donner un tour agréable à ses gestes, un accent flatteur à sa voix et elles apprennent l'art de se faire regarder. Des gens sévères veulent qu'on n'apprenne aux jeunes filles ni le chant, ni la danse. Cela est plaisant ! et à qui veulent-ils qu'on les apprenne ?

J'ai peur que ces petites saintes qu'on force de passer leur enfance à prier Dieu ne passent leur jeunesse à tout autre chose... Une jeune fille ne doit. pas vivre comme sa grand'mère, elle doit chanter, danser et goûter tous les innocents plaisirs de son âge : le temps ne viendra que trop tôt d'être posée.

Mais la nécessité de ce changement même, est un préjugé...En n'asservissant les honnêtes femmes qu'à de tristes devoirs, on a banni du mariage, tout ce qui pouvait le rendre agréable, faut-il s'étonner que les hommes s'éloignent après cela de leur intérieur taciturne ? A force d'outrer tous les devoirs le Catholicisme les rend impraticables ; à force d'interdire aux femmes tous les amusements, il les rend maussades dans leurs maisons. Il n'y a point de religion où le mariage soit soumis à des devoirs si sévères, et point où un engagement si sain soit si méprisé. On a tant fait pour empêcher les femmes d'être aimables, qu'on a rendu les maris indifférents. Je voudrais qu'une jeune fille cultivât les talents agréables pour plaire à son mari. Une femme aimable et sage qui consacrerait ses talents à l'amusement de son mari, l'empêcherait d'aller chercher des récréations hors de chez lui.

Qui n'a vu d'heureuses familles ainsi réunies où chacun fournit du sien aux amusements communs ? La confiance, la familiarité qu'on y goûte, valent mieux que les plaisirs publics.

Ne saurait-on rendre la voix d'une jeune fille juste et flexible, sans connaître une note de musique ?

Les femmes parlent plus tôt, plus aisément, plus agréablement que les hommes, c'est pour cela que les hommes s'amusent à les écouter ; la bouche et les yeux ont chez elle la même activité. L'homme dit ce qu'il sait, la femme dit ce qui plait ; l'un pour parler a besoin de connaissances et l'autre a besoin de goût.

On ne doit donc pas contenir le babil des filles comme celui des garçons en leur demandant : à quoi cela est-il bon ? mais en leur disant : quel effet cela fera-t-il ? Je voudrais qu'on les agaçat pour les exercer à parler aisément et pour les rendre vives à la riposte. Ces gaies conversations, bien dirigées les amuseraient et porteraient dans les cœurs, d'utiles leçons de morale en leur apprenant à quelles qualités les hommes accordent leur estime aux femmes.

La relation sociale des deux sexes est admirable ; de cette union résulte une personne morale dont la femme est l'œil et l'homme le bras, de l'homme la femme apprend ce qu'il faut voir, de la femme l'homme apprend ce qu'il faut faire. Si l'homme avait l'esprit des détails, si la femme pouvait remonter aux principes, ils seraient indépendants l'un de l'autre et vivraient dans la discorde, mais dans l'harmonie qui règne entre eux tout tend à la fin commune.

Si les garçons sont hors d'état de se former une idée de religion, à plus forte raison cette idée est au-dessus de la conception des filles. Cependant je veux leur en parler de bonne heure, car s'il fallait attendre qu'elles fussent en état de discuter ces questions profondes on courrait risque de ne leur en parler jamais.

Toute fille doit avoir la religion de sa mère et toute femme, celle de son mari. Ne pouvant tirer d'elles seules, la règle de leur foi, elles sont toujours en-deçà ou au-delà du vrai ; elles sont ou libertines ou dévotes, on n'en voit point réunir la sagesse à la piété. Ne leur demandez pas la foi pour des choses absurdes qui mènent à l'incrédulité...nos catéchismes portent à être impie ou fanatique. Ne faites jamais de la religion un objet de tristesse pour les jeunes filles ni une tâche... faites des prières courtes devant elles, selon l'instruction du Christ.

Quand vous leur peignez Dieu toujours fâché contre elles, quand vous leur imposez mille devoirs religieux qu'elles ne vous voient jamais remplir, elles pensent que prier Dieu est le devoir des petites filles et elles désirent d'être grandes pour s'en exempter comme vous ; prêchez d'exemple ou vous ne réussirez à rien auprès des enfants.

Les réponses du catéchisme sont à contre sens :

c'est l'écolier qui instruit le maître ; elles sont des mensonges dans la bouche des enfants, qui affirment ce qu'ils sont hors d'état de croire. Voici la première question du catéchisme : Qui vous a créée et mis au monde ?... à quoi la petite fille qui croit que c'est sa mère, répond que c'est dieu !...

Je voudrais qu'un homme connaissant bien les enfants, fît pour eux un catéchisme, ce serait le livre le plus utile qu'on eut écrit... mais s'il était bon, il ne ressemblerait guère aux nôtres. Seconde question du catéchisme : Dieu est un pur esprit ?... Et qu'est-ce qu'un esprit ?... Irai-je embarquer une enfant dans une métaphysique dont les hommes ont tant de peine à se tirer ?...

Je dirai à la petite simplement : On ne connait Dieu que par ses œuvres, pour le juger attendez de savoir ce qu'il a fait.

Il est indifférent que Dieu nous soit connu, mais il importe à la société que tout homme remplisse ses devoirs envers Dieu et son prochain. Voilà ce que nous devons nous enseigner les uns aux autres, et de quoi les pères et mères sont tenus d'instruire leurs enfants.

Qu'une Vierge soit *la mère de son créateur*, que le père et le fils soient semblables ou non, que le Saint-Esprit tienne de l'un deux ou des deux, je ne vois pas que ces questions importent plus que de savoir s'il faut dire son chapelet, parler latin à l'église, ou entendre la messe... quant à moi, tout cela ne m'intéresse pas du tout.

Mais ce qui nous intéresse tous, c'est que chacun sache que Dieu existe, qu'il est l'arbitre du sort des humains, qu'il nous prescrit d'être justes, de nous aimer et d'être bienfaisants ; que l'apparent bonheur de cette vie n'est rien, qu'il en est une autre après elle, dans laquelle Dieu récompensera les bons...

Voilà les dogmes qu'il faut enseigner à tous ; quiconque les combat, est l'ennemi de la société. L'orgueilleux qui exige au nom de Dieu les hommages des hommes et se fait Dieu à sa place, devrait être puni comme sacrilège,

Négligez donc tous ces dogmes incompréhensibles dont la vaine étude tient lieu de vertu à ceux qui s'y livrent. Maintenant vos enfants dans le cercle des dogmes de la morale, il n'y a d'utile à savoir que ce qui nous apprend à bien faire. *Accoutumez vos filles à se sentir toujours sous les yeux de dieu, à l'avoir pour témoin de leurs actions, de leurs pensées, à faire le bien sans ostentation parce que dieu le voit... à souffrir sans murmurer, parce que dieu les en dédommagera.* Voilà la véritable religion, je n'en connais point d'autre.

Au reste jusqu'à l'âge où le sentiment fait parler la conscience et la raison, ce qui est bien ou mal pour les jeunes filles est ce que les gens qui les entourent ont décidé tel... par où l'on voit de quelle importance est le choix des personnes qui les approchent.

Mais à quoi réduirions-nous les femmes, si nous ne leur donnions pour loi que les préjugés publics ?.. N'abaissons pas à ce point, le sexe qui nous gouverne et qui nous honore quand nous ne l'avons pas avili ; il existe une règle antérieure à celle de l'opinion, cette règle, c'est *la Voix de la Conscience...* Si l'opinion et le sentiment intérieur ne concourent pas à l'éducation des femmes, cette éducation sera défectueuse. Il leur importe donc de cultiver la raison, qui ne laisse pas la conscience s'égarer et qui redresse les erreurs des préjugés.

Mais, me dit-on : les femmes sont-elles capables de raisonnement solide ?.,

Les uns bornent la femme à être la première servante du maître ; les autres non contents d'assurer les droits de la femme, lui font encore usurper les nôtres !

La raison qu'il faut enseigner aux femmes est celle qui leur apprend leurs devoirs: l'affection qu'elles doivent à leurs maris, les soins qu'elles doivent à leurs enfants, etc.

Pour laisser une femme ignorante, tout aux travaux de son sexe, il faudrait des mœurs publiques très saines, ou une manière de vivre très retirée. Mais dans de grandes villes et parmi des hommes corrompus, cette femme serait trop facile à séduire, dans notre siècle il faut qu'une femme sache ce qu'on peut lui dire et ce qu'elle doit en penser.

D'ailleurs, elle doit mériter l'estime des hommes, or, comment s'y prendra-t-elle si elle ignore nos institutions, nos passions, etc. Elle doit devenir au contraire le juge de ses juges et peser leurs préjugés avant de s'y soumettre...

J'entre dans une maison dont le maître et la maîtresse font les honneurs, tous les deux ont de l'éducation, du goût, de l'esprit... le mari attentif à tout se donne mille peines. La femme reste à sa place un cercle rassemblé autour d'elle, cependant elle aperçoit tout et il ne sort pas une personne à qui elle n'ait dit un mot agréable.

A table, le mari placera les gens selon ce qu'il sait, la femme a lu dans les yeux, dans le maintien toutes les convenances et chacun se trouvera placé par elle, comme il veut l'être. La femme devine ce qu'on regarde avec plaisir et vous en offre ; en parlant à son voisin elle a l'œil au bout de la table ; elle discerne celui qui n'a pas faim, de celui qui n'ose se servir par timidité.

Quand tout le monde est parti, le mari rapporte ce qu'on lui a dit ; la femme a compris ce que l'on a pensé, et son interprétation est presque toujours vraie.

La même finesse qui fait exceller une femme dans l'art de tenir sa maison, fait exceller une coquette dans l'art d'amuser plusieurs soupirants. Elle persuade à chacun d'eux qu'elle le préfère ; l'adresse avec laquelle elle leur donne le change est merveilleuse. Elle ne les traite pas de la même manière ; elle flatte l'un, elle a l'air de maltraiter l'autre, ainsi chacun la croit occupée de lui, tandis qu'elle ne s'occupe que d'elle seule.

Cela tient à des observations fines qui apprennent à la coquette ce qui se passe dans le cœur des hommes, ce dont elle profite pour les dominer. Les femmes ont toutes plus ou moins cet art.

Les caractères distinctifs de la femme sont : la présence d'esprit, la pénétration, les fines observations ; l'habileté de s'en prévaloir est leur talent.

Les femmes sont fausses, dit-on. Non, mais elles le deviennent. Le don qui leur est propre est l'adresse et non la fausseté. Ne consultez pas leur bouche ce n'est pas elle qui doit parler, consultez leurs yeux, leur respiration, voilà le langage que la nature leur donne pour répondre. La bouche dit toujours non, mais l'accent n'est pas toujours le même et il ne ment pas.

La femme a les mêmes besoins que l'homme, sans avoir le droit de les témoigner.

Son sort serait trop cruel si elle n'avait un langage équivalent à celui qu'elle n'ose tenir... de quelle adresse n'a-t-elle pas besoin pour faire qu'on lui dérobe, ce qu'elle brûle d'accorder !... Il faut qu'elle apprenne à toucher le cœur de l'homme, sans paraître songer à lui. Plus une femme a de réserve, plus elle doit employer d'art, avec son mari. Donc, en tenant la coquetterie dans ses limites, on en fait une loi de l'honnêteté.

Pourquoi dites-vous que la pudeur rend les femmes fausses ? Celles qui la perdent sont encore plus fausses et ne règnent que par l'intrigue et le mensonge.

Au contraire, les femmes qui savent cacher leurs désirs à ceux qui les inspirent sont les plus vraies et celles sur lesquelles on peut compter.

En tournant en dérision la pudeur des femmes et leur prétendue fausseté, la philosophie moderne leur ôtera le peu d'honneur qui leur est resté.

En somme, je l'ai dit, la culture qui convient aux femmes, c'est l'étude de leurs devoirs, lesquels ne sont pas aisés à remplir... mais ces devoirs ont leurs avantages.

La recherche des vérités abstraites, la généralisation des idées, tout cela n'est point du ressort des femmes, leurs études doivent toutes se rapporter à la pratique, c'est à elles à faire l'application des principes que l'homme a trouvés.

Après l'étude de leurs devoirs, les femmes doivent tendre à l'étude des hommes et aux connaissances qui ont le goût pour objet, car les ouvrages de génie passent leur portée.

La femme qui est faible juge les mobiles qu'elle peut mettre en œuvre pour suppléer à sa faiblesse... et ces mobiles sont les passions de l'homme... tous ses leviers vont ébranler le cœur humain, tout ce que son sexe ne peut faire par lui-même de ce qui lui est nécessaire ou agréable, il faut que la femme ait l'art de nous le faire vouloir, il faut donc qu'elle étudie l'esprit des hommes qui l'entourent. Il faut qu'elle apprenne à pénétrer leurs sentiments par leurs discours, leurs actions, leurs regards. Il faut qu'elle en arrive à leur donner les sentiments qu'il lui plaît, sans paraître y songer.

Les hommes philosophent mieux que la femme, sur le cœur humain, mais elles liront mieux qu'eux dans le cœur des hommes.

C'est aux femmes à trouver la morale expérimentale, c'est aux hommes à la réduire en système.

En résumé: la femme a plus d'esprit, et l'homme plus de génie; la femme observe et l'homme raisonne : du concours de ces deux êtres, résulte la lumière la plus claire, la science la plus complète, que puisse acquérir l'esprit humain. La plus sûre connaissance de soi et des autres, qui soit à la portée de notre espèce.

Le monde est le livre des femmes, quand elles y lisent mal, c'est que quelque passion les aveugle...

Cependant, la vraie mère de famille n'est guère qu'une recluse...

Il faudrait donc montrer aux jeunes filles les plaisirs qu'elles vont quitter en se mariant, de peur que la fausse image de ces plaisirs, ne trouble le bonheur de leur retraite. En France, les jeunes filles sont élévées dans des couvents et les femmes courent le monde, chez les anciens, c'était le contraire.

Une sorte de coquetterie est permise aux jeunes filles à marier, s'amuser est leur affaire.

Les femmes n'ont plus de maris à chercher et ont d'autres soins chez elles, mais elles ne trouveraient pas leur compte à cette réforme.

Mères, faites vos compagnes de vos filles, donnez-leur un sens droit, une âme honnête, puis menez-les au bal, aux festins, aux jeux, et même au théâtre. Tout peut être offert sans risque à des yeux sains ; mieux elles verront ces bruyants plaisirs plus tôt elles en seront dégoutées.

« A peine ont-elles vu le monde, me dit-on, que la tête leur tourne. »

Celà peut être, mais le leur avez-vous peint tel qu'il est ?.. Les avez-vous armées contre la vanité ? Avez-vous porté dans leurs cœurs le goût des plaisirs simples et vrais ? Mais de jeunes personnes entrant dans le monde, n'ont d'autres gouvernantes que leurs mères, souvent plus folles qu'elles... tandis que je suppose qu'une mère qui introduit sa fille dans le monde le lui fait voir tel qu'il est.

Les couvents sont des écoles de coquetterie, il n'en sort que des extravagantes petites maîtresses. En général dans les pays protestants il y a plus d'attache-ment de famille. L'éducation des couvents est mau-vaise parce que pour aimer la vie domestique il faut la connaître et ce n'est que dans la maison paternelle qu'on prend du goût pour sa propre maison. Toute femme que sa mère n'aura point élevée n'aimera point à élever ses enfants.

Malheureusement il n'y a plus d'éducation privée dans les grandes villes, il n'y reste plus d'asile pour la retraite, on est en public jusque chez soi. A force de vivre avec tout le monde, on n'a plus de famille, on ne voit ses parents qu'en étrangers.

On impose aux filles une gêne apparente, pour qu'elles trouvent des dupes qui les épousent sur leur maintien mais sous leur air contraint, elles déguisent mal l'ardent désir d'imiter leurs mères.

Ce qu'elles convoitent n'est pas un mari, mais la licence du mariage...

Toutes vos éducations livrent les jeunes filles au goût des plaisirs du grand monde et à ses passions. Je ne veux pas que de la province une mère sensée amène sa fille à Paris pour lui montrer ces tableaux perni-cieux... Il est vrai qu'avec l'amour des choses honnêtes on ne trouve pas ces plaisirs si attrayants... Croyez qu'il existe encore beaucoup de bonnes gens qui méprisent le culte insensé de l'idole du monde.

Et si malgré la corruption de notre siècle et la mauvaise éducation des filles, plusieurs gardent encore un bon jugement, que sera-ce quand ce jugement sera nourri par des instructions convenables ?...

N'ennuyez point les jeunes filles de longs et tristes prônes qui feraient prendre en haine ce qu'on y dit. Leur catéchisme de moral doit être aussi court que leur catéchisme de religion.

Montrez-leur dans leurs devoirs la source de leurs plaisirs et de leurs droits.

Est-il si pénible d'aimer pour être aimée, de se rendre aimable pour être heureuse, de se rendre estimable pour être obéie ?.. Que ces droits sont beaux, qu'ils sont chers au cœur de l'homme quand la femme sait les faire valoir.

La femme règne par sa douceur, elle en impose par sa modestie.

Quel homme ne prend des manières plus attentives près d'une jeune fille aimable et sage, qui intéresse par sa beauté, sa timidité même, sa décence.

Oh ! ces témoignages ne sont point fondés seulement sur l'attrait des sens, mais ils partent de ce sentiment que les hommes sont juges du mérite des femmes comme elles jugent du mérite des hommes. Personne ne voudrait être méprisé des femmes, et moi-même qui leur dis des vérités si dures, croyez que leurs suffrages me sont plus chers que les vôtres, lecteurs. Je méprise leurs mœurs actuelles, mais j'honore leur justice, peu m'importe qu'elles me haïssent si je les force à m'estimer.

Que de grandes choses on ferait avec ce ressort, si l'on savait le mettre en œuvre !..

Malheur au siècle où les femmes perdent leur as-
cendant sur les hommes. C'est le dernier degré de la
dépravation. Tous les peuples qui ont eu des mœurs
ont respecté les femmes. Voyez Sparte et Rome...
C'est là, que les vœux des femmes étaient consacrés
comme le plus solennel jugement de la République.
Toutes les grandes révolutions y vinrent des femmes :
par une femme, Rome acquit la liberté ! par une
femme, les Plébéiens obtinrent le consulat, par une
femme finit la tyrannie des décemvirs, par les femmes, Rome assiégée fut sauvée des mains d'un
proscrit...

Il n'y a point d'amour sans un objet de perfection
réel ou chimérique... Tout n'est qu'illusion dans
l'amour mais les sentiments dont il nous anime pour
le beau sont réels... Où est le véritable amant qui
n'immolerait pas sa vie pour sa maîtresse ?

Il sera toujours beau de régner sur soi-même et
l'homme parlera toujours au cœur de toute femme de
jugement qui cherchera dans son état le bonheur de
sa vie. La chasteté doit être délicieuse pour une belle
femme qui a de l'élévation dans l'âme ; tandis qu'elle
voit toute la terre à ses pieds, elle triomphe d'elle-
même, l'estime universelle et la sienne propre, lui
payent en gloire ses combats de quelques instants.
Quelle jouissance pour une âme noble, que l'orgueil
de la vertu, jointe à la beauté.

Pour inspirer l'amour des bonnes mœurs aux
jeunes personnes donnez-leur un grand intérêt a être
sages. Dépeignez-leur l'homme de bien, de mérite,
apprenez-leur à le connaître, prouvez-leur que cet
homme seul pourra les rendre heureuses, faites-leur
comprendre que l'empire de leur sexe tient a leur
bonne conduite...

En leur montrant les gens à la mode donnez-

leur du dédain pour leurs vaines galanteries et
vous leur ferez naître la noble ambition de régner
sur des âmes grandes et fortes, de commander à *des
hommes* !

Une femme effrontée qui n'attire les hommes que
par ses faveurs, les fait obéir comme des valets dans
les choses serviles, mais dans les choses importantes
elles sont sans autorité sur eux... Tandis que la femme
honnête et sage qui soutient l'amour par l'estime,
celle-là envoie les hommes au bout du monde, à la
gloire, à la mort, où il lui plaît... Que cet empire est
beau, il mérite bien d'être acheté par quelques ennuis.

Voilà dans quel esprit Sophie, la future femme
de mon Emile a été élevée.

Emile et Sophie ne sont pas des prodiges ; Sophie
n'est pas belle, mais elle a une physionomie qui plaît.
Elle a l'esprit pénétrant, l'humeur facile, mais iné-
gale. Près d'elle, les hommes oublient les belles femmes ; elle a une physionomie touchante. Sophie
chante juste, elle marche avec grâce ; elle sait coudre
et tailler ses robes. Elle entend la cuisine et l'office ;
elle sait le prix des denrées, et tenir les comptes.
Sophie aime le laitage, la pâtisserie, mais peu la
viande, elle n'a jamais goûté ni vins, ni liqueurs.

Sophie a une religion raisonnable et simple ; peu
de dogmes et de pratiques de dévotion, elle dévoue
sa vie à servir Dieu, en faisant le bien.

Elle aime la vertu, rien n'est si beau à ses yeux,
parce qu'on lui a persuadé qu'il n'y a que malheur
dans la vie d'une femme déshonnête... Ces sentiments
l'enthousiasment et Sophie s'est juré d'être honnête
jusqu'à son dernier soupir.

Le besoin d'aimer trouble son cœur, il ne lui
faut pas une cour, mais elle veut plaire à un honnête
homme.

Sophie connaît les devoirs et les droits de son sexe et du nôtre; elle connaît les défauts et les qualités des deux sexes. Elle pense à l'homme de mérite qu'elle doit épouser, elle sent qu'elle est digne de lui... il ne s'agit que de le trouver...

Sophie ne parle des femmes que pour en dire le bien qu'elle sait.

Ses parents lui ont dit depuis quelque temps : Sophie, vous êtes maîtresse de vous-même, choisissez votre époux, n'élevez pas votre ambition au-dessus de votre fortune, entrez dans une famille honorable; il faut s'aimer avant de s'unir, c'est le droit de la nature.

Mais vous êtes sans expérience, un fourbe vous perdrait sans que vous vous en aperceviez, ma fille sitôt que vous aimerez rendez à votre mère le soin de vous-même et ne vous fiez plus à votre raison...

Vous choisirez votre époux, mais nous serons consultés pour juger si vous ne vous trompez pas. Prenez un honnête homme qui vous plaise, son bien sera toujours assez grand, s'il a des bras, des mœurs et s'il aime sa famille.

Je suis sûr que ces paroles resteront gravées dans le cœur de Sophie; elle mourrait après cela, plutôt que d'épouser un homme sans mérite, la liberté donnée par ses parents la rend encore plus difficile sur son choix.

Voulez-vous faire d'heureux mariages ? Unissez des gens qui se conviendront dans quelque situation qu'ils se trouvent. Au lieu de destiner dès l'enfance une épouse à mon Emile, j'ai attendu de connaître celle qui lui convient et je l'ai trouvée... ma feinte recherche n'est qu'un prétexte pour lui faire connaître les femmes.

Un maître ne doit pas donner à son élève une

femme au-dessus de son rang, il s'exposerait à mille maux. Il ne doit pas vouloir compenser la noblesse de l'un, par l'argent de l'autre, la préférence que chacun donnerait à sa mise brouillerait les deux époux.

Quand un mari épouse une femme placée dans un rang au-dessous de lui, il élève sa femme ; en prenant une femme au-dessus de lui, il l'abaisse sans s'élever.

L'empire de la femme doit être un empire de douceur, d'adresse, de complaisance ; ses ordres sont des caresses, ses menaces sont ses pleurs. Elle doit régner en se faisant commander ce qu'elle veut faire... mais quand la femme veut commander elle-même, il n'en résulte que du désordre.

Un homme qui pense, ne doit pas s'allier avec une femme sans éducation, car le charme de la société lui manquera, il sera réduit à penser seul. Un esprit cultivé rend seul le commerce agréable, et c'est une triste chose pour un père de famille instruit, de ne pouvoir se faire comprendre chez lui.

D'ailleurs, comment une femme qui n'a pas l'habitude de réfléchir, élévera-t-elle ses enfants ?..

Mais j'aimerais encore mieux une fille ignorante, qu'une fille trop savante. Une femme bel esprit est le fléau de ceux qui l'entourent... La dignité de la femme est d'être ignorée.

La grande beauté est plus à fuir qu'à rechercher dans le mariage, à moins qu'une belle femme ne soit un ange, son mari est le plus malheureux des hommes.

Je préférerais la laideur à l'extrême beauté, car en peu de temps l'une et l'autre étant nulle pour le mari, la beauté devient un inconvénient et la laideur un avantage...

Désirez-donc en tout, la médiocrité. Une figure agréable et prévenante est ce qu'on doit préférer, et au bout de trente ans, une honnête femme gracieuse plaît à son mari comme le premier jour.

Sophie, élève de la nature, sera la femme de l'homme naturel. Son éducation sans être brillante, n'a pas été négligée ; son esprit est cultivé pour apprendre, heureux celui qui l'instruira. Elle prendra les goûts de son mari et il aura le plaisir de lui tout enseigner.

———

Mais il est temps qu'Emile et Sophie se voient... Nous ne quittons pas Paris en chaise de poste fermée... Les hommes se plaignent de la rapidité du temps et il coule trop lentement à leur gré... l'un voudrait être à demain, l'autre au mois prochain... Nul ne veut être à aujourd'hui et n'est content de l'heure présente. Ils réduiraient leurs ans à quelques heures, s'ils étaient maîtres d'en ôter celles qui les séparent du moment désiré. Tel passe sa vie de se rendre de Paris à Versailles et de Versailles à Paris, qui serait embarrassé de ses heures, s'il ne les passait ainsi.

Mortels, cessez de calomnier la nature en vous plaignant que la vie est courte, puisque vous ne savez comment passer votre temps.

Moi, je n'ai pas élevé Emile pour désirer, mais pour jouir ; il est toujours plus où il est, qu'où il sera.

Le moment du voyage est un plaisir pour nous, nous ne cherchons donc pas à arriver vite. Nous ne voyageons pas dans une voiture fermée sans air, ni vue... Nous voyageons à pied... On s'arrête quand on veut, on observe le pays, nous cotoyons une rivière, nous marchons à l'ombre d'un bois, nous examinons les minéraux d'une carrière... partout où nous nous plaisons, nous restons ; nous ne dépendons ni des chevaux ni des postillons, enfin nous jouissons d'une entière liberté.

Si Emile s'arrête dans une ville, il entre chez un maître, il y exerce ses bras pour reposer ses pieds... Enfin, si le mauvais temps nous gêne, alors nous prenons des chevaux.

J'ai peine à comprendre qu'un philosophe voyageât autrement qu'à pied et s'arrachât ainsi à l'examen des richesses que la terre prodigue à la vue. Qui est-ce qui, aimant l'agriculture ne veut pas connaître les productions du pays qu'il traverse ? Qui est-ce qui ayant du goût pour l'histoire naturelle, peut se résoudre à passer près d'un rocher sans l'écorner, d'une montagne sans herboriser ?.. Mais vos philosophes de ruelles n'ont aucune idée de la nature.

Le cabinet d'histoire naturelle d'Emile est plus riche que ceux des rois, car c'est la terre entière et le naturaliste qui en prend soin, a rangé tout, dans un bel ordre.

Combien de plaisirs on rassemble, en allant à pied! sans compter la santé qui se raffermit. J'ai toujours vu ceux qui voyageaient en voiture, rêveurs et grondants et les piétons toujours contents de tout. Combien un repas grossier paraît savoureux, après une longue marche et quel bon sommeil, dans un mauvais lit !

Mais n'oublions pas que nous cherchons la femme d'Emile... Un jour nous arrivons devant une maison de simple apparence. nous y entrons car j'en connais le maître... et Sophie est sa fille...!

Ici, se place l'histoire de leurs innocentes amours; la première liaison de l'homme a de l'influence sur toute sa vie. Les goûts d'Emile fixés par une passion durable vont acquérir de la consistance vers ce qui est bon et honnête.

Bientôt il ne voit plus que Sophie... il l'aime déjà !

C'est un beau roman que celui de la nature humaine... s'il ne se trouve que dans cet écrit, est-ce ma faute?.. Il ne s'agit pas ici d'un jeune homme livré dès l'enfance à l'envie, à l'orgueil, à toutes les passions, mais il s'agit d'un jeune homme dont c'est la première passion.

Emile veut s'établir dans une chaumière, près de Sophie : Etourdi, lui dis-je, vous voulez donc perdre Sophie de réputation ?

Mais me répond-il ne m'avez vous pas appris à faire peu de cas des jugements des hommes ?..

Cher Emile, ne comparez point l'honneur de l'homme, à celui de la femme : Un homme vertueux méprise les discours des hommes, mais la vertu de Sophie l'oblige à craindre ces discours, son honneur dépend du jugement d'autrui !

Vous ne savez pas encore si vous serez l'époux de Sophie... attendez...

Emile est effrayé de ces conséquences... et nous nous installons à deux lieues de chez Sophie.

S'il est un temps pour jouir de la vie, c'est la fin de l'adolescence, où le corps et l'âme ont acquis leur vigueur. Si l'imprudente jeunesse se trompe, c'est qu'elle cherche la jouissance où elle n'est point.

Mon Emile à vingt ans est fort, sain, raisonnable, il aime le beau et fait le bien, il possède des talents utiles et agréables, se soucie peu des richesses et n'a pas peur, grâce à ses bras, de manquer de pain...

Il aime une jeune fille aimable, elle l'aimera bientôt aussi. Il réunit tous les biens qu'on peu obtenir, ah! tout le prix de la vie est dans la félicité qu'il y goûte !

Mais on jouit mieux du bonheur suprême quand on l'attend que quand on le goûte.

O Emile, c'est pour cela que je veux que tu jouisses longtemps avant de posséder ; jouis de l'amour et de l'innocence, je prolongerai cet heureux temps le plus possible.. !

On conçoit quels transports de joie quand Emile apprend enfin, que Sophie l'aime ! Me voilà leur confident ! Ah ! couple charmant, je jouis en vous voyant, du prix de ma peine... Sophie me fait mille caresses, qu'elle n'oserait pas faire à Emile.

Lecteurs, laissez errer votre imagination sur les transports de ces jeunes amants qui entrelacent de fleurs et de guirlandes, l'heureux lien qui doit les unir.. !

A présent, Emile empressé de plaire, sent le prix des talents agréables qu'il possède...

Il chante avec Sophie, il danse avec elle... Emile accorde lui-même le vieux clavecin... il apprend à Sophie tout ce qu'il sait... en le voyant dessiner Sophie se perfectionne à son exemple...

L'art de penser n'est pas étranger aux femmes, mais elles ne doivent qu'effleurer les sciences de raisonnement. Les plus grands progrès de Sophie sont dans la morale et les choses de goût.

Dans leurs promenades, en contemplant les merveilles de la nature, leurs cœurs purs s'élèvent jusqu'à son auteur... Oui, ils s'aiment et ils s'entretiennent ensemble avec enthousiasme de ce qui donne un prix à la vertu... Leurs privations mêmes les honorent à leurs propres yeux... Hommes sensuels, ils connaîtront un jour vos plaisirs et ils regretteront alors, l'heureux temps où ils se les sont refusés.

O Emile, toi élevé si durement, maintenant tu es devenu le jouet d'une enfant !.. Tel est le changement des scènes de la vie : à dix ans l'homme est mené par des gâteaux, à vingt ans, par une maîtresse, à trente ans par les plaisirs, à quarante ans par l'ambition, à cinquante ans par l'avarice... quand n'est-il mené que par la sagesse?.. Heureux celui qu'on y conduit malgré lui !.. D'ailleurs, les sages mêmes ont payé leur tribut à la faiblesse humaine et n'en furent pas moins de grands hommes.

Voulez-vous étendre sur la vie entière l'effet d'une bonne éducation? prolongez durant la jeunesse, les bonnes habitudes de l'enfance. Il importe de laisser longtemps un gouverneur aux jeunes gens... A quoi servirait de soigner l'enfance, si la jeunesse prend d'autre manière de vivre et de penser ?

Les gens immodérés changent tous les jours d'affections et de goûts.

L'homme réglé revient toujours à ses anciennes pratiques; faites qu'en passant dans un nouvel âge, les jeunes gens conservent leurs bonnes habitudes, alors vous serez sûrs d'eux, car la révolution la plus à craindre est celle de l'âge où est Emile aujourd'hui.

La vie active, le travail, lui sont nécessaires; aux genoux même de Sophie, il est bientôt inquiet, agité, la vie sédentaire l'emprisonne.

Alors il court la campagne, il examine les cultures, il donne aux cultivateurs des conseils, il leur fait les dessins d'une meilleure forme de charrue et ils sont étonnés de le voir tracer des sillons. Il visite les maisons des paysans, s'informe de leurs charges, des débouchés du pays. Quand il donne de l'argent, il en dirige l'emploi lui-même. Il fournit aux paysans des ouvriers qu'il paye pour aider leurs travaux.

A l'un il fait relever sa chaumière, à l'autre il fournit une vache, il accommode des voisins en procès ; il prend souvent ses repas chez les paysans....

Enfin, il fait de sa personne autant de bien que de son argent.

Quand il pleut, nous allons travailler chez un menuisier... Sophie vient le voir travailler, ce spectacle ne la fait point rire, il la touche, car il est respectable : femme, honore ton chef, c'est lui qui travaille pour toi, et te nourrit : Voilà l'homme !

Emile et Sophie aspirent à leur union, mais ils n'en sont pas là.

Un matin, j'entre brusquement dans la chambre d'Emile : Que feriez-vous lui dis-je, si Sophie était morte ?..

Il jette un grand cri et me regarde d'un air égaré...

Rassurez-vous, Sophie se porte bien... après ce terrible préambule, je suis sûr qu'il m'écoutera....

Il faut être heureux cher Emile, lui dis-je... mais où est le bonheur ? On use la vie à le poursuivre, hélas ! on meurt sans l'avoir atteint... mais dans le désir de bien-être qui nous tient, nous aimons mieux nous tromper à poursuivre le bonheur, que de ne pas le chercher. Emile je t'ai élevé selon la nature, il s'est trouvé que c'était la route du bonheur.

Tu as joui ici de tous les biens de la nature, tu as vécu libre et tu es resté juste et bon, car l'homme ne devient méchant que lorsqu'il est malheureux. Je t'ai préservé des mauvaises passions, mais il s'élève un ennemi dont je n'ai pas pu te sauver, cet ennemi, c'est toi-même... Je t'avais fait libre, et tu viens de t'enchaîner à Sophie, que de douleurs peuvent attaquer ton âme par cet attachement.

C'est de nos affections, plus que de nos besoins, que naît le trouble de notre vie... plus l'homme augmente ses attachements, plus il a de peines... Tout ce que nous aimons nous échappe tôt ou tard, cependant nous y tenons comme s'il devait durer éternellement... Quel effroi tu as éprouvé sur le coup de la mort de Sophie ! As-tu donc compté qu'elle vivrait toujours ?..

Que tu vas être à plaindre : la crainte de tout perdre, t'empêchera de rien posséder. Tu seras malheureux et alors tu deviendras méchant !

Mon enfant, il n'y a pas de bonheur sans courage, ni de vertu sans combat... l'homme vertueux sait vaincre ses passions. Redeviens libre et tu seras heureux. Sophie est la seule passion digne de toi ; si tu sais la régir en homme, cette passion sera la seule, tu subjugueras toutes les autres.

Cette passion est honnête, mais elle t'a rendu esclave... ainsi un homme est coupable d'aimer sa propre femme jusqu'à immoler tout à cet amour...

Retire ton cœur dans les bornes de ta condition... Etre mortel, irai-je me former des nœuds éternels sur cette terre, d'où je disparaîtrai demain ?

Veux-tu vivre heureux et sage ? borne tes désirs, apprends à tout quitter quand la raison l'ordonne, alors tu seras heureux parce que tu seras sage, tu passeras ta vie sans troubles...

Il faut quitter Sophie, lui dis-je enfin, d'un ton ferme...

Quitter Sophie s'écrie-t-il avec emportement... jamais !

Emile, vous ne serez jamais plus heureux que vous l'êtes depuis trois mois ; avant de goûter les plaisirs de la vie, vous en avez déjà épuisé le bonheur. La félicité des sens est passagère, vous avez plus joui par l'espérance, que vous ne jouirez en réalité.

L'imagination qui pare ce qu'on désire, l'abandonne dans la possession... Il n'y a de beau que ce qui n'est pas... tout est passager dans la vie et même quand l'état heureux durerait sans cesse, l'habitude d'en jouir nous en ôterait le goût...

Vous voulez épouser Sophie et il n'y a que quelques mois que vous la connaissez ? Peut-être deux mois d'absence vous feront-ils oublier d'elle ?... Mettez-là à l'épreuve...

Sophie n'a que dix-huit ans et vous vingt-deux... ces âges ne sont pas ceux du mariage... Beaucoup d'enfants restent languissants faute d'avoir été nourris dans un corps bien formé...

Emile, vous aimerez-mieux avoir une femme et des enfants robustes n'est-ce pas ?

Vous aspirez à l'état d'époux et de père, en avez-vous médité les devoirs ?.. En devenant chef de famille, vous allez devenir membre de l'Etat : Connaissez-vous les devoirs du citoyen ? Savez-vous ce que c'est que : « Gouvernement, lois, patrie..? »

Emile, il faut quitter Sophie, venez apprendre à supporter l'absence, dites à Sophie que vous la quittez malgré vous, et pour reconnaître mes soins !

Emile se jette dans mes bras tout atttendri. Quand partons-nous dit-il ?

La fière Sophie pleure et gémit, mais je jure que dans deux ans, Emile sera son époux.

Des Voyages

Il faut pour l'instruction des hommes qu'ils voyagent. « Ce monde est le miroir où il faut regarder pour tout connaître. Je ne sais pas de meilleure école que de montrer à un élève la diversité de tant de vies et d'usages. J'ai honte de voir les hommes s'effaroucher des formes contraires aux leurs, dès qu'ils sont hors de leurs villages » (Montaigne). Trop de lecture ne fait que de présomptueux ignorants. A Paris on a imprimé beaucoup de relations de voyages et c'est à Paris qu'on connaît le moins les autres nations. Tant de livres, nous font négliger le livre du monde.

Un Parisien croit connaître les hommes et il ne connaît que les Français, dans sa ville toujours pleine d'étrangers, il les regarde comme des phénomènes ; il faut avoir vécu avec les bourgeois de Paris, pour croire qu'avec tant d'esprit, on puisse être aussi stupide !

J'ai lu beaucoup de relations de voyages et je n'en ai jamais trouvé deux qui m'aient donné la même idée du même peuple. Aussi, je suis convaincu qu'il ne faut pas lire ces relations, mais voir par soi-même.

Quiconque n'a vu qu'un peuple, ne connaît que les gens avec lesquels il a vécu. Or, un homme bien élevé doit connaître les hommes en général.

Mais pour étudier les hommes il n'est pas besoin de parcourir toute la terre, d'ailleurs chaque nation a son caractère propre qui se tire de l'observation de plusieurs de ses membres.

Celui qui a comparé dix peuples, connaît les hommes, comme celui qui a étudié dix français connaît les Français...

Mais pour s'instruire, il faut savoir voyager. Les voyages n'instruisent pas ceux qui ne savent pas penser, ni rien voir par eux-mêmes.

Le Français qui voyage est si plein de ses usages, qu'il confond tout ce qui ne ressemble pas à ce qui se fait chez-lui, aussi il ne connaît pas les autres peuples.

L'Anglais voyage d'une autre manière; d'ailleurs ces deux peuples sont contraires en tout : La noblesse anglaise voyage; la noblesse française ne voyage pas. Les anglais quoiqu'ils aient leurs préjugés nationaux, s'instruisent mieux chez l'étranger, que les français...

L'anglais a les préjugés de l'orgueil et le français a ceux de la vanité.

Il faut avouer qu'à mesure que les races se mêlent, on voit disparaître les différences nationales de jadis... Autrefois il y avait moins de communications et d'intérêts, de peuple à peuple. Les émigrations des barbares venant après la domination Romaine, ont tout mêlé en Europe. Les Français ne sont plus blonds comme autrefois, les Grecs ne sont plus les beaux hommes qui servaient de modèle, les Romains ont changé de figure et de caractère, les Européens sont tous des scythes diversement dégénérés.

Le commerce et les arts confondent aussi les peuples, ils trouvent que quand ils savent le profit qu'ils peuvent tirer d'un autre peuple, ils n'ont plus rien à en apprendre. Cependant il est utile de connaître d'autres lieux, afin de choisir où l'on peut vivre le plus commodément.

Nos savants ne voyagent plus pour s'instruire, comme Platon et Pythagore, ils voyagent par intérêt... On les paie pour aller voir tel objet, et ils doivent tout leur temps à cet objet...

Les voyages sont utiles, mais ils achèvent de rendre l'homme bon ou mauvais. Les jeunes gens mal élevés contractent dans leurs voyages tous les vices des peuples qu'ils fréquentent, tandis que ceux dont on a cultivé le bon naturel, reviennent de leurs voyages, meilleurs qu'ils n'étaient partis.

POLITIQUE

Il reste à Emile à étudier ses rapports civils avec ses concitoyens. Il faut pour cela qu'il étudie les diverses formes de gouvernement, puis le gouvernement sous lequel il est né pour savoir s'il lui convient d'y vivre... Ce n'est que par le séjour qu'un homme fait dans un pays après l'âge de raison, qu'il confirme l'engagement d'y vivre, pris par ses ancêtres car chaque homme reste libre à ses risques, de vivre où il lui plaît, à moins qu'il ne se soumette aux lois du pays qu'il habite, afin d'en être protégé.

Je dirai donc à Emile : Vous approchez de l'âge où les lois vous rendent maître de votre personne, vous allez vous trouver dans la société, dépendant de tout, même de votre patrimoine. Vous voulez vous marier, mais avant quelles mesures prendrez-vous pour assurer le pain à votre famille ?.. La-dessus je lui décris tous les moyens de faire valoir son bien, dans le commerce, dans les charges ou dans les finances ; je lui montrerai que tous les états courent des risques.

Vous pouvez aussi lui dirai-je, vous louer pour aller tuer des gens qui ne vous ont fait aucun mal... les hommes font grand cas de ceux qui ne sont bons qu'à cela...

Eh! quoi, me répondra Emile, ne sais-je plus travailler ? Que m'importe ces emplois. Je serai bienfaisant et juste. Je ne veux qu'une métairie, je la ferai valoir et je vivrai indépendant avec celle que j'aime !..

Un champ qui soit à vous Emile ! Et en quel coin

5

de la terre pourrez-vous dire : Je suis mon maître et ce terrain est à moi ?.. qui sait où l'on peut vivre libre, sans avoir besoin de faire de mal à personne, et sans crainte d'en recevoir?... Le pays où il est permis d'être toujours honnête n'est pas facile à trouver. S'il est quelque moyen de subsister sans intrigue, c'est, j'en conviens, en cultivant sa terre, mais où est l'état où l'on peut dire : Cette terre est à moi ?..

Un gouvernement violent, une religion persécutante, peuvent vous y troubler, vous n'y serez pas à l'abri des impôts qui dévoreront le fruit de vos peines, de procès qui consumeront votre fonds.. Etes-vous sûr que vous n'aurez point affaire : à des juges, à des prêtres, à de puissants voisins, à des fripons de toute espèce ?.. Un homme riche, peut envahir votre terre pour s'arrondir.. ?

Emile, votre projet est difficile à exécuter, il est pourtant beau et vous rendrait heureux.

Eh ! bien, consacrons les deux ans que nous avons pris jusqu'à votre mariage, à choisir en Europe un asile pour vous et votre famille et à l'abri de tous les dangers... Si nous ne réussissons pas à le trouver, du moins, vous serez guéri d'une chimère...

Par cette recherche dans toute l'Europe, j'espère qu'Emile reviendra dans deux ans, versé dans toutes les matières de gouvernement, de mœurs, de coutumes, etc.

Le droit politique est encore à naître et il est à présumer qu'il ne naîtra jamais.

L'illustre Montesquieu eut été en état de créer cette grande et inutile science, il se contenta de traiter du droit positif des gouvernements établis.

Jusqu'ici les auteurs au lieu de nous dire la vérité,

ne songent qu'à leur intérêt et ils ont intérêt à ménager les princes au détriment du peuple qui ne peut donner ni pensions, ni places d'académies... qu'on juge comment les droits du peuple sont établis par ces écrivains !

La chose qui importe à Emile, est de trouver le meilleur gouvernement, si plus tard il fait des livres, ce ne sera pas pour faire sa cour aux puissants, mais pour établir les droits de l'humanité, l'amour de la justice et de la vérité.

J'apprendrai d'abord à Emile, que les hommes qui sont nés libres, sont cependant partout esclaves, parce qu'ils ont été forcés de se réunir en société pour s'opposer aux intérêts particuliers... mais les peuples peuvent recouvrer leur liberté par la force qu'on a employée contre eux.

La seule société naturelle est celle de la famille et encore, dans l'état de nature quand les enfants sont grands, ils ne dépendent plus de leurs parents que volontairement...

La famille est donc le premier modèle des sociétés politiques.

Le plus fort n'est jamais assez fort pour être toujours le maître... Céder à la force est une nécessité, ce n'est pas un devoir. Nemrod soumit les premiers peuples par la force, donc il ne devrait y avoir de légitimes que les descendants de Nemrod, alors de quel droit y aurait-il sur la terre entière, plus d'un chef qui gouvernât le genre humain ? Si le plus fort à raison, il ne s'agit que de faire en sorte d'être le plus fort.

Non... convenons plutôt que la force ne fait pas le droit.

Puisqu'un homme n'a pas d'autorité sur son semblable et puisque la force n'est pas un droit, il ne reste que les conventions pour base d'autorité, entre les hommes. Quant au droit d'esclavage, il est indigne. Un homme ne peut se vendre à un autre, ni renoncer à sa raison...

Si un homme ne peut se vendre à un autre, à plus forte raison, un peuple ne peut aliéner sa liberté au profit d'un roi. Pourquoi un peuple se vendrait-il à un roi corps et bien..? Loin qu'un roi fournisse à ses sujets leur subsistance, il tire la sienne de ses sujets... Et les guerres que son ambition attire à son peuple, les vexations de son ministère, son avidité...
..... Et quand chacun pourrait s'aliéner, il ne peut aliéner ses enfants.. !

Renoncer à sa liberté, c'est renoncer à sa qualité d'homme... Il est donc absurde de stipuler d'une part une autorité absolue, et de l'autre une obéissance sans bornes.

Un homme qui dit à un peuple : « Je fais avec toi une convention toute à ta charge et toute à mon profit », fait un discours insensé.

Mais si un peuple se donne à un roi, ce peuple existe donc avant cet acte?.. il faudrait donc d'abord connaître l'acte par lequel des hommes se sont réunis pour former un peuple, car cet acte antérieur à celui de se donner à un roi, est le *contrat social* base de toute société civile.

Quand les hommes se réunirent pour former un peuple, c'est parce qu'ils ne pouvaient plus vivre séparés, l'état primitif ne pouvait plus subsister, sans que le genre humain pérît, alors les hommes unirent leurs forces pour résister aux obstacles qui les environnaient.

Pour que l'homme engage sa force et sa liberté sans se nuire, il faut trouver une forme d'association qui protège par la force de tous réunis, la personne et les biens de chacun ; il faut que chacun s'unissant à tous, n'obéisse pourtant qu'à lui-même et reste libre comme avant... Enfin il faut un *contrat social*, et voilà le problème dont le *contrat social* donne la solution.

Dans le contrat social, chacun met en commun ses biens, sa personne, sous la direction de la volonté générale. Aliénation totale de chaque associé avec ses droits, à toute la communauté ; nul n'a intérêt a rendre la communauté onéreuse aux autres, puisque la condition est égale pour tous.

Cette association formée de l'union de tous, s'appelle : « République... » Les associés s'appellent peuple collectivement ; quand le peuple vote ses lois, il est « Souverain ! »

Le corps souverain ne peut jamais aliéner une partie de lui-même, ou se soumettre à une autre souverain.

Par le contrat social, le peuple souverain n'obéissant qu'à lui-même est plus libre, que dans l'état de nature.

Ce passage de l'état de nature à l'état civil substitue chez l'homme, la justice à l'instinct et l'homme qui ne pensait qu'à lui, se voit forcé de s'occuper de ses semblables...

En passant de l'état nature à l'état civil, l'homme se prive de plusieurs avantages, mais il en gagne de grands et il devrait bénir l'instant qui d'un animal fit un être intelligent.

Par le contrat social, l'homme gagne la liberté civile et la propriété de ce qu'il possède

Chaque membre de la communauté se donne à elle avec ses forces et ses biens. Comme les forces de tous sont plus grandes que celles d'un particulier, la possession publique est plus forte, car l'état n'est possesseur que par le droit de premier occupant qu'il tient des particuliers, et ce droit ne devient vrai qu'après l'établissement de celui de propriété.

Tout homme a droit à ce qui lui est nécessaire, mais l'acte qui le rend propriétaire l'exclut de tout le reste, sa part étant faite il n'a plus le droit à la communauté... Voilà pourquoi le droit de premier occupant est respectable dans l'état civil. Et il faut qu'on prenne possession par la culture ou le travail seuls signes de propriété qui doit être respecté...

Mais il ne suffira pas d'en écarter les autres pour leur ôter le droit sur un terrain : Un homme ou un peuple ne s'emparent d'un terrain que par usurpation punissable puisqu'elle ôte au reste des hommes le séjour que la nature leur a donné en commun.

On conçoit comment les terres des particuliers réunies, deviennent le territoire public et comment le droit de souveraineté s'étendant des sujets au terrain qu'ils occupent, devient réel, ce qui met les possesseurs dans une plus grande dépendance et fait leurs forces garantes de leur fidélité... En tenant le terrain, on tient mieux les habitants.

La communauté accepte donc les biens des particuliers, mais loin de les en dépouiller, elle leur en assure la possession. Alors, les possesseurs sont considérés comme dépositaires du bien public et leurs droits sont maintenus par une cession avantageuse au public et à eux-mêmes, les possesseurs acquièrent ainsi, tout ce qu'ils ont donné : Ce qui s'explique par la distinction des droits que le peuple souverain et le propriétaire ont sur le même fonds. Le droit que chaque particulier a sur son fonds est subordonné au droit que la communauté a sur tous, sans quoi il n'y aurait ni solidité dans le lien social, ni force réelle dans la souveraineté.

Au lieu de détruire l'égalité naturelle, le contrat social met donc une égalité légitime à la place de l'inégalité physique que la nature a mise entre les hommes qui étant inégaux en force ou en génie, deviennent tous égaux par convention...

L'autorité souveraine étant fondée sur le droit de propriété, ce droit est celui que le peuple doit le plus respecter. Il est inviolable pour lui, tant qu'il demeure un droit individuel : sitôt qu'il est considéré comme commun à tous les citoyens, il est soumis à la volonté générale qui peut l'anéantir. Ainsi le peuple souverain n'a pas le droit de toucher au bien d'un particulier, mais il peut s'emparer des biens de tous, comme fit Lycurgue à Sparte.

La volonté générale seule, peut diriger les forces de l'Etat, pour le bien de tous ; c'est l'opposition des intérêts particuliers qui a rendu nécessaire l'établissement des sociétés, donc, c'est sur l'intérêt général que la société doit être gouvernée...

La souveraineté du peuple est donc inaliénable et indivisible. Nos politiques ont cependant divisé la souveraineté du peuple en législative et exécutive, en droits d'impôts, de justice, de guerre, etc... Ils ont fait du peuple souverain un être fantastique, comme s'ils composaient l'homme de plusieurs corps, dont l'un n'aurait que les yeux, l'autre les bras, etc... après avoir démembré le corps social par des procédés dignes de la foire, nos politiques en ont rassemblé les morceaux par des tours de gobelets ! !

Nos écrivains ne se sont pas fait non plus de notions exactes de l'autorité du peuple souverain.

Ils ont mal jugé parce qu'ils ont jugé des droits des rois et du peuple sur les principes établis et qui sont faux. Grotius pour faire sa cour à Louis XIII, dépouille les peuples de leurs droits pour en revêtir les rois... Il aurait fallu dire la vérité au peuple, mais ce n'est pas le peuple qui donne des ambassades et des pensions..!!

Les écrivains n'ont donc pas adopté les vrais principes, parce qu'ils n'ont pas intérêt à soutenir les droits du peuple.

La volonté générale tend à l'utilité publique, le peuple veut toujours son propre bien, mais souvent on le trompe.

Il importe pour avoir la volonté générale, qu'il n'y ait pas de société partielle dans l'Etat et que chaque citoyen n'opine que d'après lui-même. Telle fut l'unique et sublime institution de Lycurgue.

DES DÉPUTÉS. — Sitôt que les citoyens aiment mieux servir l'Etat de leur bourse que de leur personne, l'Etat est près de sa ruine..! Faut-il marcher au combat, ils paient des troupes et restent chez-eux..; faut-il aller au Conseil, ils nomment des députés et restent chez eux... A force de paresse et d'argent, le peuple n'a des soldats que pour asservir la Patrie, et des députés que pour la vendre !

C'est le tracas du commerce et des arts, l'avidité du gain, la mollesse, qui changent les services personnels qu'on doit à la Patrie, en argent... donnez donc votre argent et bientôt vous aurez des fers. Le mot de finance est un mot d'esclave, dans un état libre, les citoyens doivent tout faire avec leurs bras et non avec de l'argent, on ne doit pas s'exempter de ses devoirs en payant... les corvées sont moins contraires à la liberté, que les taxes.

Quand l'état est bien constitué, les affaires publiques l'emportent sur les affaires privées, dans l'esprit des citoyens.

Dans une République bien conduite, chacun vole aux assemblées; sous un mauvais gouvernement, nul ne prend intérêt aux assemblées, parce qu'on sait que la volonté générale n'y dominera pas. Sitôt qu'on dit des affaires de l'état : « Que m'importe..! l'Etat est perdu. »

Le peuple souverain ne peut être représenté, car la souveraineté du peuple consiste dans le vote de la volonté générale qui ne se représente pas.

Le peuple doit voter lui-même ses lois, préparées par de sages sénateurs.

Les députés du peuple ne peuvent donc rien conclure ; toute loi que le peuple n'a pas ratifiée est nulle, ce n'est pas une loi, puisque la loi est l'acte qui sort de la manifestation de tous.

L'idée des représentants du peuple nous vient de l'inique et absurde gouvernement féodal, qui dégrada l'espèce humaine. Dans les anciennes Républiques et même dans les anciennes monarchies, jamais le peuple n'eût de représentants.

A Rome, on n'imagina pas que quelques particuliers usurpassent les fonctions du peuple.

La loi étant la déclaration de la volonté générale, le peuple ne peut être représenté dans la puissance législative, ceci fait voir que peu de nations ont des lois et possèdent la liberté. Mais maintenant, nous aimons mieux l'argent que la liberté !..

Peuples modernes, vous n'avez plus d'esclaves, mais vous l'êtes ! Les peuples modernes qui se croient libres ont des représentants!! Ils ne sont plus libres, ils ne sont plus !!!

S'il n'est pas possible au peuple souverain de conserver l'exercice de ses droits quand la République est trop grande ; alors des petits états peuvent exister près des grands en formant des Confédérations.

Le *contrat social* donne au peuple souverain, c'est-à-dire à la volonté générale, un pouvoir absolu sur ses membres, mais il faut distinguer les droits

et devoirs des citoyens, du peuple et du souverain :
Tous les services qu'un citoyen peut rendre à l'état,
il les lui doit, mais le souverain ne peut charger
les citoyens d'aucune chaîne inutile à la communauté. La volonté générale ne peut tendre à aucun
objet individuel... Ce qui généralise la volonté, est
l'intérêt commun : accord admirable de l'intérêt et de
la justice !

Dans le contrat social tous les citoyens s'engagent sous les mêmes conditions et jouissent des mêmes droits ; ainsi, soumis à de telles conventions, ils
n'obéissent qu'à leur propre volonté.

Le pouvoir souverain ne peut passer les bornes
des conventions générales, et tout homme peut disposer de ses biens et de sa liberté, par ces conventions.

Il est si faux que dans le *contrat social*, il y ait de
la part des particuliers aucune renonciation, que leur
situation est préférable à ce qu'elle était avant et qu'ils
ont fait un échange avantageux d'une manière d'être
incertaine, contre une meilleure et plus sûre..; leur
vie même est protégée par l'état, et nul n'a plus à
combattre pour soi.

Tout malfaiteur qui attaquera le pacte social,
sera puni comme ennemi public...... quoiqu'il ne faille
pas abuser des punitions, car il n'y a pas de méchant qu'on ne pût rendre bon à quelque chose.

Il faut des lois pour unir les droits de l'homme
à ses devoirs; la volonté générale se manifeste par
des lois... La loi ne peut donner de privilèges à personne, toute fonction individuelle ne peut appartenir
à la puissance législative. La volonté générale fait
seule les lois. J'appelle donc République tout état
régi par des lois. Les lois sont les conditions de l'association civile, *le peuple étant soumis aux lois, doit
en être l'auteur*.

Mais une multitude aveugle ne peut exécuter elle-même un système de législation. Il faut d'abord apprendre au peuple ce qu'il doit vouloir et le garantir des séductions des particuliers... Voilà d'où naît la nécessité d'un législateur, quand un pays veut adopter la république.

Quand le peuple souverain aura voté les lois préparées par un législateur et des hommes honorables, il faudra un gouvernement pour les exécuter.

Le peuple ne peut se dépouiller de son droit de souveraineté pour en revêtir un homme, car la volonté d'un homme serait souvent contraire à la volonté générale.

Les chefs du peuple ne peuvent être que ses officiers, chargés par lui d'exécuter les lois qu'il a votées. Ces chefs doivent compte au peuple de leur administration et sont soumis aux lois qu'ils sont chargés de faire observer.

Le peuple peut confier son droit de législateur pour un temps très court, mais il ne peut se donner un maître... Le législateur aidera le peuple de ses conseils, mais il ne doit commander ni aux hommes, ni aux lois, autrement ses lois pourraient perpétrer ses injustices... donc, celui qui rédigera les lois, ne doit avoir aucun droit législatif.

Il y a mille idées qu'on ne peut traduire au peuple, encore trop ignorant. Les vues trop générales et trop éloignées, ne sont pas à sa portée... Le législateur ne pouvant employer ni la force, ni le raisonnement pour le persuader, devra recourir à une autre autorité. Voilà ce qui força les législateurs anciens de recourir à l'intervention du ciel, pour faire accepter leurs lois par les peuples... mais aujourd'hui, on ne croit plus un homme quand il se dit l'interprète des dieux.

La grande âme du législateur est le vrai miracle qui prouve sa mission, et il ne fondera la République, que si ses lois sont sages.

La loi de Moïse qui, depuis dix siècles régit les juifs et les chrétiens, annonce la sagesse des grands hommes qui dictèrent ces lois et tandis que l'aveugle esprit de parti ne voit en Moïse et autres, que des imposteurs, le vrai politique admire les institutions des juifs qui dureront toujours.

Il faut que le peuple ait peu de lois et il ne doit pas les changer souvent. A Rome, le peuple fort nombreux, votait lui-même ses lois.

Il faut dans l'Etat un corps intermédiaire entre les sujets et le peuple souverain, lequel sera chargé de l'administration publique, de l'exécution des lois et du maintien de la liberté civile et politique.

Mais si ces magistrats veulent faire des lois, ou si les sujets refusent d'obéir, l'état tombe dans l'anarchie.

Plus l'état s'agrandit, plus la liberté diminue et plus la force réprimante doit augmenter... mais plus le gouvernement a de force pour contenir le peuple, plus le souverain doit en avoir pour contenir le gouvernement.

Il doit y avoir autant de constitution de gouvernement, qu'il y a d'états différents en grandeur dans la République.

Plus les magistrats sont nombreux, plus le gouvernement est faible.

Dans une législation parfaite, la volonté individuelle doit être presque nulle; la volonté des magistrats du gouvernement doit être très subordonnée, par conséquent la volonté générale est la règle de toutes les autres. Plus l'état s'agrandit, plus le gouvernement doit se resserrer.

Nous rechercherons ensuite Emile et moi, quels sont les devoirs et droits du citoyen, ce que c'est que

la Patrie et à quoi chacun peut reconnaître s'il en a
une.

Après, nous considérerons chaque société civile
en particulier et nous les comparerons toutes... nous
les verrons s'attaquant, se détruisant et coûtant ainsi
la vie à plus d'hommes que s'ils avaient tous gardé
leur liberté naturelle.

Nous en conclurons qu'on a fait trop ou trop
peu dans l'institution sociale ; les individus y sont
soumis aux hommes, il vaudrait mieux qu'il n'y eût
point de société civile au monde, que d'y en avoir
ainsi plusieurs qui se détruisent mutuellement.

Ce sont ces sociétés imparfaites et partielles, qui
produisent la tyrannie et la guerre, les deux plus
grands fléaux de l'humanité !...

On a cherché des remèdes à ces maux, par les
confédérations qui, laissant chaque état son maître au
dedans, l'arment au dehors contre toute agression
injuste. Nous rechercherons comment on peut établir
une bonne association fédérative et ce qui peut la
rendre durable.

L'Abbé de Saint-Pierre avait proposé une association de tous les états de l'Europe pour maintenir
entre eux la paix perpétuelle; cette association aurait-
elle duré ?

———

Suite des Voyages.— Ce qui rend les voyages in-
fructueux pour la jeunesse, c'est la manière dont on
les fait... Les maîtres mènent de ville en ville, de
palais en palais leurs élèves, et cependant ce n'est pas
dans les villes qu'on étudie les nations.

Les habitants des villes ont tous les mêmes préjugés et on sait quelles mœurs déplorables l'entas-
sement des hommes produisent.. !

C'est dans les provinces reculées qu'il faut étudier les mœurs et le génie d'une nation ; c'est là que es bons et mauvais effets du gouvernement se font le mieux sentir.

Les grandes villes épuisent l'état; à plus d'un égard, Paris est nourri par les provinces, et la plus part des revenus des provinces se versent dans la Capitale...

Emile séjournera donc peu dans les grandes villes, il sera ainsi moins exposé à la corruption pendant son voyage.

Il est temps qu'Emile revienne à Sophie, il lui rapporte avec son cœur, un esprit plus éclairé, et il a l'avantage d'avoir étudié tous les peuples et tous les gouvernements.

Il s'est lié dans chaque nation à quelque homme de mérite, avec lequel il entretiendra une correspondance ; excellente précaution contre les préjugés nationaux... Chez nous par politesse, les étrangers nous déguisent leur pensée; de chez eux, ils nous écrivent la vérité...

Après avoir employé deux ans à parcourir l'Europe, après avoir appris plusieurs langues, étudié l'histoire naturelle, les arts et les gouvernements, dans nos voyages, Emile me dit :

« Cher Maître, j'ai promis de vous dire après mes voyages, quel pays je choisis pour m'y fixer... Eh ! bien, je reste dans celui où je suis né... J'ai appris qu'en tout lieu on dépend des passions des hommes, mais j'ai appris aussi que partout où il y a des hommes, je suis chez mes frères !..

« En examinant les sociétés créées par les hommes, j'ai vu qu'ils ne sont arrivés jusqu'ici, qu'à se faire esclaves... Ils se font mille attachements puis ils se plaignent de tenir à tout et de souffrir de tout !

« Moi, je veux surtout être libre partout sur la terre... que m'importe où que je sois ! tant que j'aurai quelque bien, je vivrai indépendant, si un jour je n'ai plus de bien, je travaillerai sans murmurer... et quand la mort viendra, elle ne m'empêchera pas d'avoir vécu.. Je n'aurai jamais qu'une chaîne : Sophie ! »

Je lui répondis : Cher Emile tu viens de me parler en homme ; je savais bien qu'après avoir étudié nos institutions actuelles, tu n'y aurais pas confiance... Les lois... où est-ce qu'il y en a, jusqu'ici ?.. Où sont-elles respectées ?.. partout règne l'intérêt particulier !

Mais les lois de la nature existent, elles sont écrites dans la conscience du sage, écoute-les... La liberté n'est encore dans aucun gouvernement, mais elle est dans le cœur de l'homme libre.

Quant à tes devoirs de citoyen, je te dirai : qui n'a pas de patrie, a du moins un pays... Ce pays a des simulacres de lois qui n'émanent pas de la volonté générale, mais sous lesquelles on a vécu... O Emile ! Où est l'homme de bien qui ne doit rien à son pays ?.. Ne dis plus : qu'importe où je suis ! L'un de tes devoirs est l'attachement aux compatriotes qui te protégèrent étant enfant, tu dois à ton tour les aimer, leur être utile étant homme. Vis au milieu d'eux, sois leur bienfaiteur, leur modèle...

Donne l'exemple de la vie champêtre et patriarcale, c'est la plus naturelle...

Que de bienfaits vous allez répandre autour de vous..! L'abondance vous entourera et transformera tous les travaux champêtres en fêtes..!

Mais, cher Emile, si ton pays est en danger,
quitte tout, pour remplir ton devoir de citoyen..!

ÉPILOGUE

Enfin, Emile et Sophie sont unis! En revenant
du temple, ils sont si troublés qu'ils ne répondent à
nos compliments que par des mots confus... O faiblesse humaine! le bonheur écrase l'homme, il n'est
pas assez fort pour le supporter..!

Chers enfants leur amour est à son dernier degré
de véhémence... il ne peut plus que s'affaiblir... Ah!
si l'on pouvait prolonger l'amour dans le mariage,
on aurait le paradis sur la terre !

Généralement, les hommes se rebutent plus tôt
que les femmes. Voici ma recette contre ce refroidissement : Les nœuds trop serrés rompent, ne serrez
pas trop le nœud du mariage... le pouvoir que chacun
a sur l'autre est de trop... Le plaisir ne se commande
pas, l'assujetissement rassasie... Comment a-t-on pu
faire un devoir des plus chères caresses ?..

C'est le désir mutuel qui fait le droit, les corps
ne peuvent être asservis... Vous devez fidélité mais
non complaisance, nul des deux ne doit être à l'autre
qu'autant que cela lui plaît.

Emile devra obtenir de l'amour et non du devoir;
cette loi rend plus attentif à plaire et prévient la sa-
tiété.....

Au bout de quelques jours Sophie est capricieuse
et Emile paraît dépité... Je dis à Sophie : Vous ré-
gnerez longtemps sur Emile par l'amour, si vous
rendez vos faveurs rares et si vous savez les faire
valoir. Mais mettez de la modestie dans votre sévérité

et non du caprice : faites-vous chérir par vos faveurs et respecter par vos refus, c'est ainsi que vous gagnerez la confiance d'Emile et qu'il écoutera vos conseils.

Cet art même ne pourra vous servir toujours : la jouissance use les plaisirs, mais quand l'amour a duré longtemps, une douce habitude lui succède.

Puis les enfants forment entre leurs parents une liaison plus forte que l'amour même, quand vous cesserez d'être la maîtresse d'Emile, vous serez son amie, la mère de ses enfants... A ce moment-là, au lieu de votre première réserve, établissez entre vous une grande intimité, plus de lit à part, plus de caprice ; devenez tellement sa moitié qu'il ne puisse plus se passer de vous.

Faites régner les charmes domestiques dans votre maison, tout homme qui se plaît chez lui, aime sa femme ; si votre mari est heureux chez lui, il vous rendra heureuse.

O cher Emile, chère Sophie! en contemplant mon ouvrage, je sens battre mon cœur !

Un enfant est attendu dans leur doux asile, Emile élevera lui-même son fils dans les principes de la loi naturelle, comme il a été élevé !

FIN

TABLE DES MATIÈRES

www.ingramcontent.com/pod-product-compliance
Lightning Source LLC
Chambersburg PA
CBHW060805110426
42739CB00032BA/2868